汉字文化拾趣

张弘 宋会鸽 罗玲
刘贞悠 周桂玲 杨雄 / 编著

西南大学出版社
国家一级出版社 全国百佳图书出版单位

图书在版编目（CIP）数据

汉字文化拾趣/张弘等编著.--重庆：西南大学出版社，2023.12
ISBN 978-7-5697-1442-5

Ⅰ.①汉… Ⅱ.①张… Ⅲ.①汉字-文化研究 Ⅳ.①H12

中国版本图书馆CIP数据核字（2022）第174670号

汉字文化拾趣
HANZI WENHUA SHIQU

张　弘　宋会鸽　罗　玲
刘贞悠　周桂玲　杨　雄　编著

图书策划：李晓瑞
责任编辑：李晓瑞
责任校对：何雨婷
装帧设计：闰江文化
排　　版：瞿　勤
出版发行：西南大学出版社（原西南师范大学出版社）
　　　　　　重庆·北碚　邮编：400715
印　　刷：重庆美惠彩色印刷有限公司
幅面尺寸：160mm×235mm
印　　张：12.75
字　　数：210千字
版　　次：2023年12月 第1版
印　　次：2023年12月 第1次
书　　号：ISBN 978-7-5697-1442-5
定　　价：58.00元

序言

汉字,记录着中华民族五千多年的深厚历史,承载着特定的文化信息,具有丰富的文化内涵,是中国文明的灵魂和精髓,也是中华儿女的精神家园。《汉字文化拾趣》一书,力图以科学严谨的学术性与生动活泼的趣味性带领读者走进深广宏富的汉字文化,去领略其独特而神奇的魅力,参悟其普遍而深邃的哲理。从汉字的起源与发展,到汉字与艺术、生活的关联,再到汉字的深远影响,本书力图以一条线一脉贯穿、多个立体面交相辉映的方式,系统地呈现汉字的前世今生,展示其博大精深的内涵及其历久弥新的永恒魅力。书中既有"认字认半边"的风趣笑谈,也有汉字如何成就各门类艺术之美的理性阐论;既描摹了汉字与人们日常生活的水乳交融,也折射出汉字对东西方文化的深远影响。它能够在读者特别是青少年的心中种下一颗文化的种子,引导他们通过汉字这一专属符号传承中华民族的优秀文化。

在全球化与现代化的背景下,国力"硬实力"竞争,正逐渐被文化"软实力"竞争所取代。如何在文化全球化进程中,重建中华民族的文化自信,使中国文化既在内部成为异彩纷呈、凝聚人心的黏合剂,又能"走出去"与世界文明优秀成果同频共振,成为人类不可或缺的精神元素,并为破解人类发展共同难题提供中国智慧,这是每一个有理想的中国人都应该思考的问题。诚然,中国文化的全部内容绝非一本薄薄的小书所能够承载,但本书也力求以一朵浪花的力量,翻腾起中国人心中对文化大海的敬意与热爱。中国文化因其强大的包容性与同化性而源远流长，从未断绝，这使得中国汉字成为世界上唯一没有间断过的文字书写形式。《汉字文化拾趣》一书，饱含着创作者深沉的中华文化情结，字里行间的深情叙述，如诗如歌的抒情，不仅是其文化自信的坚定表达，也是对读者文化自豪感的强有力感召。

著名的教育家陈鹤琴说："故事是儿童重要的精神食粮，通过故事的形式，儿童学习起来一定兴致百倍。"一个好故事，胜过万千大道理。本书创作者，或敏锐地捕捉汉字里的故事向读者娓娓道来；或将自己化身为汉字本身，替汉字发声；时而又以特定的角色参与故事，与汉字产生紧密联结。书中的每一个故事，都是创作者精心思考、巧妙设计、反复推敲的结晶。王侯将相，贩夫走卒，神仙鬼怪……当读者走进这些光怪陆离的故事，一场与汉字的神奇邂逅便开始了。本书知识性与文化性兼备，趣味性与可读性同在。有趣的话题，贴近生活的选材，轻松的笔调，以及丰富灵动的细节共同形成一种结构性的说服力量，让读者往往能够轻易置身其中，潜移默化地获得文化的滋养。

促进文化传承、提升文化自信是新时代语文教育的深层价值旨归，而让学生热爱并形成运用中国语言文字的能力，提升其语文综合素养是这一目标达成的基本前提。《汉字文化拾趣》作为市级兼区级精品课程成果，不仅是对语文教育工作者文化水平的一次考验，也是对"如何通过汉字文化促进学生成长"这一语文教育课题的深入探讨。通过对汉字文化的"特色"梳理，本书不仅能使读者对汉字的完整体系变迁、历史发展演化窥见一斑，还能让读者从其形态、韵律、书写等方面瞥见古今文化内涵的绵延承续与璀璨夺目。这是中学阶段汉语学习应该达到的深度、高度、广度。作为中学语文教学的补充读本，创作者力求以小品散文式的笔触，彰显语言文字的精巧灵动，使读者能在回味悠长中撷英拾贝。

诚然，作为一线教师，作者在编著本书过程中难免存在疏漏，如对汉字的专业化研究不够深入，书中涉及的文化领域也难以面面俱到。不过，这也是后期望远山而力行、不断改进提升的航向。

董小玉
2023年5月于西南大学

目录

CONTENTS

序言

第一章 ¤ 汉字的起源与发展

文字在大地上的诞生 /003

仓颉造字 /006

汉字与象形 /008

一场疟疾引来的发现 /010

甲骨现天下，风云流散 /012

笑谈"认字认半边" /014

形旁那些事儿 /016

从"元嘉"谈到指事字 /018

释字之辩 /020

陶符的出现 /022

秀才搬家 /026

古文里的大猪小猪 /028

第二章 ¤ 汉字与艺术

趣说"舞蹈"字源 /033

汉字是天生的舞蹈家 /036

震撼的字舞 /038

汉字,天然的音乐家 /041

汉字与乐器 /047

汉字书法,形与神的碰撞 /050

汉字书法的魅力 /052

"玄"字的独白 /057

神奇的"之"字 /059

汉字雕刻的生命之美 /063

雕刻里的"福寿"吉祥 /068

屋檐瓦当上的汉字韵律 /072

汉字雕刻之奇幻造型 /076

汉字,画天地之美 /081

汉字的颜值与涵养 /085

汉字谐音,好个欲说还休 /089

汉字,成就诗歌韵律美 /093

第三章 ¤ 汉字与生活

汉字与地名文化——以重庆地名为例 /101

东坡取名 /106

汉字里的农耕文化 /109

汉字与古代饮食 /117

龙的传人——汉字与图腾 /125

姓氏里的文化密码 /128
304寝室的卧谈会 /132
头顶上的尊严——汉字与装饰 /136
生活,那一袭华袍 /141
鞋的自述 /145
屋檐下的畅想 /148
行走中的文字 /153
时·节 /157

第四章 ✡ 汉字的影响

汉字与方块壮字 /165
女性的专属文字 /168
时代之"新字" /174
谐音造字,"枇杷"与"琵琶" /177
汉字"变形"记 /179
汉字的时光穿越 /184
汉字"西游"记 /187
汉字"东游"记 /190

后记

第一章

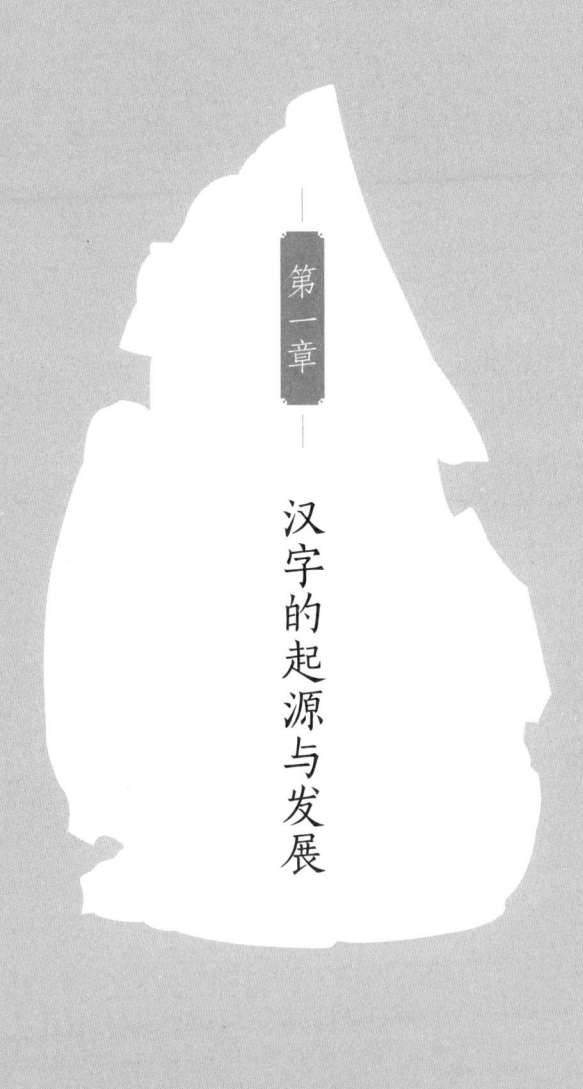

汉字的起源与发展

文字在大地上的诞生

几千年前的人类，会不会很孤独？

如同这片大地上的其他动物一样，在丛林间跳跃，在大地上奔跑。可是，又和其他动物完全不一样。鸟有鸟言，兽有兽语，然而这些语言人类听不懂。鸟兽里有千里眼，有顺风耳，它们有嗅觉灵敏的鼻子，可以在黑暗中感知一切。它们还会在树上蹭蹭，留下互相辨识的气味，拿爪子挠挠，留下自己能懂的爪印儿，甚至，还有些动物会收发信号，简直是动物界的高科技。

人类迷茫地看着这一切，虽然千万年后他们成了这片土地的主宰，但是最开始的他们，弱小又无助，只能互相慰藉，相互依靠。

短距离的交流，可以靠听觉信号，所以有了最初的语言。长距离怎么办呢？屯儿里的阿牛要去两座山之外用猎来的野猪肉换些种子，又比又画才使得对方搞清楚他的意图。最后，换来的种子，没有他预料中的多，他垂头丧气，又跋山涉水回了自己住的屯儿。

有一天，熊寨的人和鱼屯的人在一起清算这几年的旧账；吵个不停,谁也不相信对方的话,双方差点打斗起来,最后气呼呼地回了各自的村寨。

年老的智者想在树荫下给孩子们讲一下年轻时候的故事,想半天,讲几句,又想半天,再讲几句。岁月更迭,很多事情都记不清楚了。等到这群孩子年老,他们是否还能记起当年听过的故事?

人与人的远距离交流,需要符号,需要图像,需要文字。

但是这片土地,等待了很多年。先民们用矿石在岩壁上画自己打猎的场景,我们看到那些图案,感受到他们的喜悦和自豪。智者开始用绳结来记录事情,不同绳结代表不同意义,但是这种方式始终难以流传。

有一天,天上下起了粟米,人们在大地上尽情欢呼。夜间,四野有鬼哭之声,惧怕着文明的诞生。传说,就在这一天,仓颉创造了文字。

历史记载里有人说仓颉是黄帝的史官,有人说他是一个地方的首领,更有人说他长了四只眼睛,是天底下最智慧的人。甚至也有资料证明,仓颉有可能不是一个人,而是一个官职,是很多人一起创造了汉字。不论真相如何,都不能否认,文字诞生在这片大地上,是一件惊天地泣鬼神的大事。

其实,文字并不是如某些古籍所记载的那样,由一个天神般的人物一口气创造的。传说总是如此轻易,或许是想淡忘过程的艰辛。其实文字发展是有很长一个阶段的,我们知道的安阳殷墟甲骨刻辞,也只是成熟文字的代表,在这之前,还有朱书陶文,再之前还有其他文字,一直追溯到原始文字。从刻画符号到文字成熟,中间有很长一段晦暗不明的路,应该是很多人一起点亮了火把,撑开了文明与愚昧之间的厚重大门,才让后人得以通行。

上面这种说法,是考古学家比较赞同的汉字起源过程说。从人情常态考虑,文字是复杂的系统,不可能一蹴而就,所以考古学家想要去发现那个由简到繁的过程的证据,比如说1981年在杨家湾遗址发现的陶器刻画符号,就属于符号和文字的边界线。

这片土地,诞生的不只是一种文字,其实除了方块字,我们的土地上还曾诞生过拼音文字。丝绸之路中国段的古文字有梵文、佉卢文、焉者——龟兹文、于阗文、粟特文、突厥文、回鹘文、藏文等。中国北方还有契丹文、西夏文、女真文、八思巴文、蒙古文、察合台文、满文，南方还有彝文、傣文、东巴文。这些统称为"中国境内之古外族遗文"，这一观点由王国维先生提出。

汉字的起源是独立的，但是在发展中与上述文字中的一些互相影响。

无论如何，汉字的诞生，给孤独的人类带去了更多温暖。从文字开始，人类终于可以开始触摸文化，在时空中寻求文字的慰藉，在饱腹之外，去得到更多精神上的富足。

延伸扩展

你能简要介绍文字是如何诞生的吗？

仓颉造字

仓颉三十岁的时候，当上了黄帝的左史官。黄帝让他记录各个部落上报的事情。

他经常对着一仓库的绳结发愁。

小的绳结代表着发生了一件小事；纠缠的绳结的模样，代表着发生的事件类型；绳结之间的长度代表着时间。姬轩辕征服的部落越来越多，送来的绳结越来越多，他慢慢地遗忘了每一个绳结后面的故事。

黄帝要和炎帝谈判，命令仓颉整理炎帝几年来侵境杀人的事情。仓颉在库房里泡了几天，耳鸣目眩，最后依然出了差错。

他坐在山上的一块石头上发愁。

天地间，鸟在飞，鱼在嬉戏，水流在冲刷着大地，草木在生长，人在劳作，太阳升起，月亮落下。他转身去找人群中的黄帝，黄帝正在和其他人议事。

"我想向您请示一件事。"

"什么事？你说。"

"我想创造一种新的符号来记录部落的事，现在各个部落记事的方式太杂乱了,我想统一一下,并且不用绳子来记了。"

姬轩辕沉默了一会儿,看着仓颉眼里的光芒,说:"那你想改成什么?"

"用绳子记事太麻烦了,而且不明确,需要专门的人来记住相应的事情,口口相传又容易变化,您占领的部落越来越多,我们应该用一种更明确的方式来记录部落的大小事情!至于用什么,您给我一点时间,我有了一点想法,但是还没想清楚,如果您答应,我想到处走一走,看看部落间记事的各种奥妙!"

轩辕拍了拍他的肩,说:"去吧,我有预感,你在做一件很了不起的事。"

仓颉离开家乡,妻子送他上了阳关大道。他跑了九九八十一个村落,翻了八八六十四座大山,涉过七七四十九条河流,见了无数个记录部落事情的史官,发现他们每个人的胡子上都打着无数的结,象征他们活过的岁月。直到有一天,山川风雨落在他的身后,他看这世界,突然有了一种全新的方式。

他在山巅看日出,太阳蹦出地面,又红又圆,他就勾勒出了"日"字;月亮挂在天边,洒下月辉,他便描出了"月"字;鸟兽的爪印留在泥泞里,他便创造了"爪"字;路上走过了人,侧影便凝成了他笔下的"人"字。

路过大河,看着河流蜿蜒,水面粼粼,他造出"水"字;仰望大山,他画出"山"字;看着农家养出的猪,他描出"豕"字;大雨倾盆而下,他在雨幕里领悟到了"雨"字;雨过天晴,他心里飘来了"云"字;草木荣发,"木"和"禾"字应运而生。

仓颉用手中的锥刀在石头上和木头上刻着一个又一个自己中意的符号,给它们命名为"字",一个又一个字诞生在这天地间。

《淮南子》有言,那一天,天上降下不绝粟米,夜间众鬼号哭。

延伸思考

除了仓颉造字,你还知道哪些造字传说?

汉字与象形

皓月凌空,星辉斗转。

天上星随月转,地上文字诞生。最初的图形文字,大部分都是象形文字,用符号描摹客观事物,人们在长期的生活中,慢慢地把符号固定下来。

你看着一个人的眼睛,眉眼弯弯,眼珠大而有神,所以先民的"▱"(目)字,是豆荚一样的眼眶里,有一颗浑圆的眼珠。

描摹一个人的口鼻,则是按照嘴和鼻,画出形状,"凵"(口)字是大大地张嘴的样子,"自"(自,鼻的本字)则突出了两侧的鼻翼。

一个人骑着马跑过山林,"马"(马)的象形字有长长的脸,有长而有力的尾巴,还有鬃毛竖起,仿佛烈马飞奔。而山林里的"木"(木),则有着高高向上生长的枝干,有着深深探进地底的根系,顶天立地,风雨无侵。

而"雨"(雨)也是象形字,先民站在大地上抬头望着雨水下落,便用水滴下漏状描摹出雨。看到雨水积聚成河,河水蜿蜒,于是在一条弯弯曲曲的水线上加上波光粼粼的点,便成了先民约定俗成的"𝕽"(水),水的初意,就是河流。

我们不知道那个面水而祀的时代里,多少人面对着河水许下了自己的愿望,但是在那片被雨水润泽的大地上,有更多的文字在生长,在"形"天地,"描"记忆。

雷电降临人间,便成了"𝕽"(申)的初始象形形态,而后这象形字被借成了其他字,又是另一段故事。

粮食熟了,穗子沉甸甸,歪着头笑,于是有了一个弯弯的头,"𝕽"(禾),稻禾弯弯,民众欢舞。

而那个骑马跑过山林的人,他不只是遇见了风雨雷电,还有世间鸟兽。老虎出来了,你看"𝕽"(虎)字的形态,有尖尖的爪子,有锋利得让人恐惧的牙齿,虎啸山林,百兽之王,令人战栗。

然后"𝕽"(象)出来了,它甩起长长的鼻子,我们还看到了它的象牙和圆圆的肚子。所以,很多年前,在华夏文明诞生的这片土地上,应该还有很多的大象,它们甚至可能与人类和睦相处,你看,它的象形字多么可爱,大腹便便,鼻子卷卷,先民应该是爱它的。

还有一种动物应该也是先民的心头爱——羊,描摹过象形字的人都会觉得,描"𝕽"这个字时是十分开心的,弯弯的角、上翘的嘴。

象形文字是文字形态领域的一种生长方式,最初它是没有固定字音的,大家强行记忆每一个图形符号的意义,慢慢形成文字,再慢慢形成音形统一的系统。

延伸思考

从象形字的角度,谈谈古人观察动物特征注意了哪些方面。

一场疟疾引来的发现

阿福捧着药方，送走了名满京都的老中医，然后出门到药房取了药，去厨房用砂锅细细煎上。

说来也怪，王大人整整一个秋天的腹泻，吃了这服药就见了奇效。王懿荣当了多年国子监祭酒，知道这病并不是那么好治的，于是对这药方产生了兴趣。

"龙骨？往常的药方上从未见过这一味药，难不成这世上还真有龙的骨头不成？"王懿荣唤来阿福，叫他去药材铺子再买点"龙骨"回来瞧瞧。阿福这次买回来的"龙骨"让他大失所望，全是药店捣碎了的，看不出个子丑寅卯。

王懿荣心里总惦记着这东西，便叫自己的儿子到药店里和老板商量，想要看看没有被捣碎的"龙骨"。

药店的老板倒是爽快，二话没说拿了出来。然而，为了方便储存，收购"龙骨"时"龙骨"就已经被打碎了，所以王懿荣看到的，也就是一些大一点的碎片。

但是，就这些碎片，让他生出了更多的疑惑。"龙骨"上有许多刻痕，深深浅浅，明显是有意为之，而王懿荣日常喜欢研究金石类古董，这些深浅不一的刻痕与上古的文字有些许相似。他便交代药店老板，下次有整块的"龙骨"，一定给他留着。

三个月后，山东潍县古董商人范维卿在河南安阳收购了十二片大甲骨，送到北京。随即，他被引荐到王府。王懿荣以一片甲骨二两银子的高价购入。而此前，"龙骨"当药材卖，一斤仅卖六文。

这一次，王懿荣看到了更为完整的刻画线条，这些"龙骨"上的线条与金文完全不一样：用笔纤细，多方折而少圆转。《尚书》记载，"惟殷先人，有册有典"。与之联系起来，他认为这些线条应该是殷商时期的文字。

"维卿啊，这龙骨有点意思，你还能给我找到一些不？"

"能啊，河南那边有个墓葬，里面有好多这种龙骨，我下次再给你带点。"

"这里是六百两银子，我先当作定金给你，有多少我要多少，要尽可能大和完整。"

"行，没问题！"

"还有，这件事，你要悄悄进行，尽量不让他人知道。"或许在那一刻，王懿荣已经隐隐感知到了，自己在做一件极其重要的事。

1899年末，大约一千五百片甲骨，通过各种方式汇集到了王懿荣手里。

再过半年，天津塘沽响起了炮火声，这一批甲骨刚刚被安顿下来，又要开始新的一轮命途流离。

延伸思考

调查一下，可以长久记录文字的材料还有哪些？

甲骨现天下，风云流散

1900年6月，清末书法四家之一的王懿荣被任命为京师团练大臣。接到任命的王懿荣在堂前枯坐了一下午，妻子来劝，他感慨道："这大概是上天给我的殉国之所了！"

8月中旬，八国联军进京。

8月15日，他叫来自己的儿子，说道："翰甫，为父把甲骨留给你了，往后，如果实在艰难，就去找孟叔。"遂投清水井。

1902年初，欠债累累的王翰甫自知保不住家中这些遭人觊觎的甲骨，便把其中的1085片卖给了孟鹏。孟鹏清楚王懿荣收集甲骨的过程，深知其重要性，家国残破，人人朝不保夕，但是他依然通过各种渠道继续收集甲骨，并潜心研究。

1903年，《铁云藏龟》出版，这一年，孟鹏还出版了一本书，叫《老残游记》，孟鹏，就是刘鹗。刘鹗交友甚广，有任侠之气，甲骨研究一事他毫不藏私，常常就其中发现的问题和朋友讨论，其中助他甚多的，是他的儿女亲家罗振玉。

1908年，刘鹗被流放到新疆，次年病逝于乌鲁木齐。1908年，罗振玉从一商人口中得知,河南安阳一个村中甲骨最多,成堆成堆的。

《史记·龟策列传》曾有记载,"闻古五帝三王发动举事,必先决于蓍龟"。有祭祀,按照当时习俗,必定有祭祀的祭台。刘鹗以前跟他说甲骨文很可能是"殷人刀笔文字"。罗振玉在那一瞬间,仿佛在脑海里看到了闪电。这一道闪电,促使他去了河南小屯村。

山河依旧飘摇,站在小屯村的罗振玉明白,他要把甲骨研究坚持下去,刘鹗已经病逝在新疆,历史选中了他,让他走到了小屯村。此后,他先后收集到近两万片甲骨,编写了《殷墟书契》,并首创了对卜辞进行分类研究的方法。

甲骨文研究基础就此奠定。

后来,罗振玉三代祖业相承,无数人将毕生心血投入其中。众多考古研究所对殷墟进行不断的发掘,甲骨出土越来越多,甲骨新学在飘摇中不断兴起。

延伸思考

搜集一些甲骨文字,说说它们具有哪些特点。

笑谈「认字认半边」

川渝地区以前有两句流行的顺口溜："四川人生得尖，认字认半边。""四川人生得憨，认字认半边。"重庆成为直辖市是1997年的事，所以老一辈重庆人也都是四川人。这两句顺口溜很有意思，说的是普罗大众认字认半边这事儿，但是前者说这是聪明，"尖"在四川话里表示机灵，后者说这是憨傻。

那到底是机灵还是憨傻呢？现在我们来说道说道。

先来看看，我们如何"认字认半边"。譬如说"橹"这个字，幼童不认识，但是认识"鲁"这个字，于是，就把"橹"读作"鲁"，然后"噜""撸"都跟着念"鲁"的音。又遇到"漉"，还是不认识，但是老师教了"鹿"，怎么办呢？又将其读作一个音。我们小时候这么干的时候，往往会得到家长的表扬，特别是爷爷奶奶辈儿，他们会摸着你的额头笑呵呵：哎哟，都认识这么多字啦！乖娃子以后读书不得了哦！

在上面这两个例子里，读音是正确的，这样的识字方式使得识字量突飞猛进，我们小时候大都经历过这个阶段。因为现代汉语中百分之八十左右的字都是形声字,分形旁和音旁,形旁也称为义符,表示意义相关的内容,如前文"橹"字中的木字旁,音旁也称为音符,如"橹"字中的"鲁"旁。所以"认字认半边"的时候,大部分是根据音旁来判断读音。叶楚强老师曾经对《新华字典》中7504个常用字做过分析和统计,发现有1108个字,要么读音和声旁全然相同,要么读音和声旁只有声调上的差异。当然,由于四川话比普通话保留了更多的中古读音,所以在四川话的发音中,有很多常用字确实是可以靠"认字认半边"来记住字音的,从这一方面来说,这就是四川人的"尖",是一通百通的机灵。

但是,还有很大一部分形声字并不完全从字音上遵从自己的音旁。在漫长的汉字发展过程中,很多声旁的表音功能都在弱化,这个时候还"认字认半边"就会闹笑话,别人也就说你"憨",只知道一种识字方法,不知变通。

例如,从"享"声的形声字,"淳""醇""鹑""敦""惇""谆""埻"等字,读音跟"享"字毫无关联。如果说这一组例子内部还有诸多读音上的相同、相似或相关,那么,从"者"声的形声字的读音就精彩了,如:"赭""诸""箸""奢""阇""暑""楮""都""睹""屠""绪""鰭"。

纵观历史,可知"认字认半边"现象多出现在教育不够发达的年代,那时候不是所有人都可以去学堂学习,识字还靠着身边亲朋的口口相传,而老百姓受教育程度普遍不高,对识字的需求也没那么多,所以这种识字现象得以长时间存在。

但是如今进入义务教育普及阶段,再"认字认半边"就显得呆板甚至会错误百出,何况古人说"字者,言孳乳而浸多也",文字的学习应该是基于理解和浸润,而非灌输。

所以,当新一代的孩子觉得"认字认半边"听来可笑时,这也是一种幸运。

延伸思考

请讲一件"认字认半边"的趣事。

形旁那些事儿

我们知道常用汉字中有大部分都是形声字,形旁表意,于是在平常的学习中,我们也可以多了解一些形旁的含义,以帮助自己在遇到生字词时对意义进行猜测和理解,特别是文言文阅读中遇到的形声字,在猜测字义时,可以多思考一下形旁的意义。

"豸"这个偏旁在《说文解字》中是这样解释的:"兽长脊,行豸豸然,欲有所司杀形。凡豸之属皆从豸。"段玉裁注解这一段说,凡是那些想要伺机猎杀别的动物的野兽,一般都步伐谨慎并且小心翼翼,脊背很修长的样子。所以你看,豺、豹、貔、貂这些有着长长脊背的野兽,它们的字形是不是都是"豸"做形旁?此处非常有意思的是"貌"字,这个字原本只有右边的"豸"(金文中),但是在楚系帛书中,就有了"豸"为偏旁,《说文解字》中采用了"貌"这个写法,"兒"指的是白象人面,此处"豸"倒是借为"豹"字,勉强做了一个声旁。

"隹"旁,甲骨文的写法相当漂亮——,像一只憩息在枝头的鸟雀,翅羽乖巧归拢,眼眸神采奕奕,正盯着远方,所以《说文解字》中说

"隹"是"鸟之短尾总名也"，短尾巴鸟就都带上了"隹"旁，比如"隼、雕、雏、雀"这些字，指的确实都是些短尾鸟。汉字的美丽之处，有时候在于它几千年的演变中，出现了很多有趣的"意外"。比如"雅"这个字，明显"牙"是它的声旁，"隹"是它的形旁，可是这个字很早就表示一些美好的事物了，说不通啊，其实"雅"在秦朝时候，指的是楚乌，并且当时认为大而纯黑反哺者就是乌，小而不纯黑不反哺者就是雅。再比如"难"这个字，如今表示困难其实是假借义，根据《说文解字》的解释，"难"是某种鸟，又有一说为"支翅鸟"，至于这到底是一种怎样的鸟，我们已经不得而知。汉字是不是很有意思？像一座城池，里面有些城堡建有迷宫。

其实很多形旁我们平时经常遇到，此处就没有一一展开说，高中有一篇文言文叫《寡人之于国也》，里面有一个字"罟"，学生往往学了又忘，记了半天写的时候又写错。我们也试着来拆解下这个字的形旁。《说文解字》中也说这个字是形声字，从网，古声。也就是说这个字的形旁是上部分的那个"罒"字，这个字和"网"同音同义，所有以它为形旁的字大多和网有关，比如"罗"，这个字的原本意义就是捕鸟的网。那么我们来猜一个字，这个字是"罧"，它是什么意思？肯定与网有关，上下结构，下面是两个"木"，在会意字里面，两个木可以指很多木头挨着，比如"林"，所以这个字指的是把柴堆在水里以捕鱼，有个词语叫"罧者扣舟"，就指的是这种古老的捕鱼方式，充满田野生活的乐趣。

把每个字当作一座城，其实文字王国里，风景处处美好，多想多看，就会觉得与一个字的相逢不应该是枯燥无味，而应该是趣味无穷的。

延伸思考

你的名字中有没有偏旁？请查阅相关资料，追溯自己名字偏旁的由来和意义。

从『元嘉』谈到指事字

有一天在课堂上,讲"元嘉草草"时,谈到刘义隆野心勃勃的一生,突然有学生问:老师,为什么他要取个年号叫"元嘉"呢?

年号,一般都寄托着一代君主对自己在位时的美好祝福,有的则是纪念,那么刘义隆为什么用了"元嘉"这个年号呢?其实"元"是个顶好的字,汉武帝的第一个年号是"建元",汉武帝十分喜欢这个"元"字,后续五个年号都用了这个字:元光、元朔、元狩、元鼎、元封。历史上喜欢这个字的皇帝还有很多,同用"元嘉"做年号的还有汉桓帝。

说到底,"元"是什么意思呢?甲骨文的"元"写作"元",是一个指事字,这个字的下半部分是一个人形,上面一横是指事符号,指的是头部的位置。所以"元"的本义是"头",我们现在也有一个词叫"元首",就是用这个本义来延伸的词义。在古典文化诸多脉络里面,头是智慧的开始,是始端,代表一切的开始,开始往往是最美好的阶段。何况"嘉"指的也是美好,所以刘义隆登位之初,对天下是有诸多美好期待的,只是他未能完成自己的英雄梦。

这个"元"字,就是指事字的代表。在象形字上添加指事符号是指事造字的一种方式,比如"刃",甲骨文写作"✎",右上那一笔,就是指事符号,指的是下面那把刀的刃部分。再比如说"凶"这个字,"凶"是指地上有一个深坑,走路的人没看见而踏空掉进坑里,"凵"读 kǎn,代表深坑,中间的"乂"符号就是象征在陷阱里放置的致命的危险物(交叉而置的箭),有些时候指的是交叉深陷其中的样子,总的来说,这个字代表的就是不吉利、不好的事,是抽象符号加抽象符号组成的指事字。

说到指事造字,有一个字是非常特殊的,这个字就是"臀"。"臀"字,从月(肉),殿声。这个字经历了很多变化,早期的字形是这样的"✎",或者是这样的"✎",不管甲骨文的写法怎么变,都能很明显地看到身上那丰满挺拔的部分。

延伸思考

请找几个指事字谈谈其指事原理。

释字之辩

宋代王安石按照想当然的释字方式解释汉字,甚至专门出了一本书,这本书的名字叫《字说》。

《字说》已经佚失,但是它曾经盛行,是王安石推行其新法中"新学"一环的重要角色。《宋史》中说,王安石作《字说》,一时学者无敢不传习,主司纯用以取士,士莫得自名一说,先儒传注,一切废而不用。但是这本书的盛行并不是因为它自身的学术价值,而是因为当初王安石主持新政,正当风头。就这本书而言,它的创作理念和《说文解字》等著作背道而驰,认为汉字以音、形包含着万事万物之理:其声之抑扬开塞、合散出入,其形之衡从曲直、邪正上下、内外左右,皆有义,皆本于自然,非人私智所能为也。

例如"裘"这个字,按照《字说》的理解,"裘者,可以衣被人,而人之所求也"。什么意思呢?王安石认为,"裘"就是天冷时人要穿的皮衣,因为天冷人有穿衣服的需求。"裘"这个字,本来就是个形声字,上半部分的"求"是这个字的声旁,表示这个字的读音;下半部分的"衣",是这个字的义旁,表示这个字的意思。王安石却把"求"理解为需求,这是把形声字曲解为会意字了。

当时王安石风头正劲,这种解释字的方式虽然不太妥当,但是少有人敢当面辩驳,而大才子苏轼却有不同的看法。

这个故事记载在罗大经的《鹤林玉露》中。苏轼问王安石:"为什么'波'字左边一个三点水,右边一个'皮'?"王安石顿时来了兴致:"波,从水从皮,波者水之皮也!"苏轼也笑了起来,似乎是恍然大悟:"以此类推,'坡'就是土之皮,'滑'就是水之骨?"王安石哑口无言,苏轼哈哈大笑。

苏轼怼王安石不止一次,还有一次王安石写到"鲵"字,就对苏轼说:"鲵者,从鱼从兒,合是鱼子;四马曰驷,天虫为蚕,古人制字,定非无义。"

苏轼趁机问道:"'鸠'字九鸟,可知有故?"

王安石不解:"你说说看。"

苏轼就说:"'鸣鸠在桑,其子七兮。'连娘带爷,共是九个。"讽刺之意颇盛。一方面是因为苏轼才高气盛;另一方面,王安石这种释字方法,确实容易牵强附会。王安石新政失败后,《字说》也被禁了。

延伸思考

你的生活中有牵强解释字义的例子吗?请举例说明。

陶符的出现

1952年年末,北风呼啸,风雪欲来,西安东郊的一个工地上,正在紧张地赶着工期修铁路,这是一座火电厂的专用铁路。此时电力供应是整个西安的大问题,所以,虽然天气寒冷,修建铁路的工地上依旧热情不减。挖土的工人,推土的机器,运输泥土的车辆来来往往。

突然,一个工人发现有一块地不太对劲,推土机来来回回推了几遍了,依旧不平整。他便走过去瞧,看了几眼之后感觉更不对劲了。生活在西安的人,对墓葬遗址并不陌生,对文物更不陌生。他在土堆里刨了刨,发现了一些像瓦罐一样的碎片,可是这显然又不是瓦罐,更像是小时候偶然见过的一种文物。警觉性一瞬间提高,他马上向领导汇报,领导来后看了几眼,转头继续向上汇报。

负责施工的总指挥秦天泽来了,仔细查看了半天,像入神了一样喃喃道:"我们得保护它。"

郑郁文来了,眼神里汇聚起光亮:这是个大发现啊!不得了啊!

1953年,石兴邦和吴汝祚这些考古大家来了,确认了半坡遗址在考古界的地位,半坡遗址初展容颜,仰韶文化遗址也因此震撼学界。

为什么震撼学界呢？主要是因为在半坡遗址发现了陶器。半坡遗址是距今6000—6700多年历史的新石器时代仰韶文化聚落遗址。通过五次较大规模的发掘,发现了很多生活用的陶器。这些陶器几乎囊括了当时社会的各种使用工具,并且多为彩陶器,陶器上绘着人面、鱼、鹿、植物等花纹,还有三角形、圆点等几何图案。出乎意料的是,有些陶钵十分特别,在口沿上刻有各种符号,这些符号形象固定,反复出现,引起了考古学家的注意。相关人员统计,这种符号达二三十种之多。

这些符号是前所未有的发现,大部分是象形文字,其中还有表示数字1—9的精确符号,这进一步说明当时的人已经开始进入了数码符号记事阶段。

那么,这几十种符号,是不是最开始的文字呢？

关于文字的起源,一直以来有很多种观点。比如,有人觉得文字是由一个权威机构指派少数人或一个人,比如仓颉这样的聪明人,在短时间内突然发明的,这是"突发说"。还有一种观点是"过程说",认为文字应该是一个很复杂的系统,不是一蹴而就的,而是从简单到复杂的一个变化过程。坚持"过程说"的人希望从成熟文字往前追,找到更古老的文字,比如说,这一次的半坡陶符。

学界公认文字的成熟形态是殷墟发现的甲骨文,而甲骨文主要出现在公元前1000多年的殷商时期,并且甲骨文系统已经是比较成熟的文字系统了。那么,甲骨文之前呢？公元前4000多年的半坡陶符,是不是甲骨文的前身呢？

有这样思考的不止一人,1969年,李孝定先生发表文章,最先提出:半坡陶文是已知的最早的中国文字,与甲骨文为同一系统。十年之后,他又发表文章重申这一主张。李先生为什么十年之后又特意发表文章重申这一观点呢？因为20世纪70年代,大家曾对这些符号的性质进行了激烈的讨论。

1959年,另一个铁路修建工地上,大汶口文化遗址首次被发现。当时大汶河边正在修建津浦铁路复线,工人们发现了墓葬遗址,紧接着开始挖掘,由于一些复杂的原因,该遗址断断续续不断地被挖掘,先后出土了大量精美的陶器,而这些陶器上也有陶符,与古文字有相似之处,比如其中有一个符号,太阳在云气之上,云气之下有山峰状(一说火焰状)的图案,根据文字学家推测,这应该是一个合体图画会意字——"炅"。

大汶口遗址在山东境内,大概在殷商甲骨文之前一点的时代。

所以,牵连起的一条线是不是古代文字发展的脉络呢?

1972年,郭沫若先生发表了一篇文章,认为这些陶器上的符号,是文字起源阶段产生的一些简单文字。第二年,于省吾先生也发表文章,专门对半坡陶文作了考释。

最开始,裘锡圭先生也认为这是文字的初始形态。但是这种认知很容易陷入一个使人迷惑的区域,那就是"记号"与"文字"的分界点在哪里?

毕竟,良渚文化遗址也发现了与大汶口文化相似的符号,是不是所有的玉器陶器上的符号,都是文字的初始形态呢?

很快,裘锡圭先生自己否定了自己,他在1978年首先提出,在讨论文字形成过程时,要区分"记号"和"文字"。不能通过简单的形体比附来认定符号就是汉字,毕竟,不同地域、不同时间、不同文化都可能出现相同的符号,但是符号的含义很可能是不一样的。而这样的符号,很可能只是一个记号。

裘锡圭先生继续提出对文字的定义,坚持文字是记录语言的符号这个原则,认为新石器时代刻画符号跟古汉字是两种不同系统的符号,古汉字应该是记录当时语言的符号,就算新时期时代刻画符号中个别符号和古汉字一模一样,我们也不能就此认为它们有传承关系,毕竟,谁也不知道陶器上的符号到底有没有记录语言。

每一次文化遗址的出世,都有可能给古文字的起源带去新的观点冲击,一代又一代的辩论并没有给出统一的正确答案,而我们,却在一次次的辩论中,对古代文字的起源有了更多的了解。或许就是公元前3000年之后,汉字开始形成,它经历了很多的坎坷,最后在一个更需要它的社会时代里凝结成形,从此哺育了数千年的兴盛文化。

所以，当我们凝视那些陶器上的文字时，几千年前的风仿佛吹到了面前，吹到了以后。

延伸思考

在网上查找资料，想想陶文上的内容会是哪一方面的。

秀才搬家

王秀才搬家了,全村人都觉得这件事难以理解。

为什么呢?要知道王秀才家是村里条件比较好的,有一个小小的宅子,还有一个不小的庭院,庭院用围墙围起来,路过的人总能听见王秀才在里面读书。村里面大多数人对那所小宅院是羡慕的。最开始,王秀才把家搬到宅子外面的小柴房,大家就只是笑笑。哪知道过了几天,他又火急火燎地搬到了柴房之外,说什么独自一人,逍遥无拘束,天地万物谁也不可能困住他。

村里人路过都会指指点点,说这个秀才怕是读书读疯了。是不是读书读疯了呢?故事的起因是这样的……

王秀才读书多年,自认刻苦努力颇有才学,但是屡试不第,内心十分苦闷。院里种了一棵高大的树,他日日在院里读书,也常歇在树下。树高大茂盛,枯荣有时,给王秀才带来颇多阴凉与快乐。但是有一天,他突然看这棵树不顺眼了。

那天,他看到书中有对"困"的解释:故庐也。庐者,二亩半一家之居,居必有木,树墙下以桑是也。故字从囗木。王秀才抬头看向窗外的树:对呀!我为啥陷入人生困境,难以进取呢?就因为我的院子是个"囗",这棵树就是"木",这局面,困住了我的前途啊!

王秀才叫来书童,想砍了这棵树。书童不忍,眼珠子滴溜一转,说:"老爷,不能砍啊!"

"为什么不能砍?这事关我的前途!"

"老爷,你仔细想想。如果你把树砍了,我们人住在里面,不就成了'囚'了吗?这也是犯了大忌啊!"

王秀才一想,确实是这么回事啊!砍树一事只能作罢。这之后的几天,不管是看书还是写字,甚至是夜间睡觉,他总会不自觉去看一下这棵树,越看心中越郁闷。没过几天,他发现自己连文章都写不出来了!他思来想去,最后做出一个决定,搬到宅子外面的柴房去住。

家人劝阻不成,只能顺着他的意。想着住一段时间他就回来了。然而住到柴房里的王秀才更憋闷了,小小的柴房,孤独的自己,他夜里辗转难眠,白天茶饭不香,越来越觉得自己是"囚"字中间的那个"人"。

于是,在一个阳光普照的日子里,他决定住到柴房之外的空地上。无拘无束,没有四周的围墙,他便是这天地间最自在的一个"人"了!

没过几天,村里人发现王秀才被抬回了王家老宅去休养。几天风餐露宿后,王秀才病了。

延伸思考

王秀才理解的两个字,是以什么造字法去构造的字?理解字义应该遵循什么原则?

古文里的大猪小猪

孟子的《寡人之于国也》里有一段名言:"鸡豚狗彘之畜,无失其时,七十者可以食肉矣。"这段话文字不多,却使人疑惑,为什么在一句话中重复提到猪("豚"和"彘")？朱熹《四书集注》中也未对四个字单独注解。1995年,金克木先生在《群言》杂志上谈到过这个疑问。

今天,我们试着从文字源流的角度入手,来对这个问题进行阐释。

有一天,大家在森林里看到一种动物,长毛,皮厚,有尾巴,它的肉吃起来味道还不错,渐渐地,大家就记住了这种动物,为它造了一个字"豕"(豕)。长长的毛,长长的嘴,肥厚的身子,有力的四肢。所以"豕"最早指的应该是野猪,后来才有了家猪的含义。森林里的猪攻击力强,往往要用武器远程攻击才能捕杀,于是,人们在"豕"上加了一个矢形箭头,表示打猎回来的猪"彘",就是我们今天要说的"彘"。我们可以看到"才"原本是个象形字,加了这个箭头,是什么字呢?就是会意字了,会意是为了补救象形和指事的局限而创造出来的造字方法。

村民们打回来的猪吃不完,也不好储存,于是慢慢地把活猪带回来养起来。养起来的猪也会生小猪,这个小猪就叫"豚"。杨雄在《方言》里说:"猪,北燕朝鲜之间谓之豭;关东西或谓之彘,或谓之豕;南楚谓之豨。其子或谓之豚,或谓之貕。吴扬之间谓之猪子。"

于是我们很容易产生一个新的疑问,都是猪,为什么大猪小猪要取这么多名字呢?其实这是古人的一种习惯,不只是给小猪单独取名,还把小牛称"犊",小马称"驹",小羊称"羔",这些叫法在很多古籍里都可以看到。

那我们为什么要吃小猪呢?让它长大了再吃不是可以吃到更多的肉吗?其实吃小猪是一种习惯。首先,打猎时遇到小猪,发现了它的味美,而带回来在家养着的猪生了小猪,猪每胎要生很多只小猪的,可是养猪的人家那时候哪有那么多食物来喂养呢?不得已就会把体弱的小猪吃掉。于是在祭祀的时候我们会发现,既有大猪的出现,也有小猪的身影。

延伸思考

利用会意字的理解方式,分析"盗"和"寇"的异同。

第二章

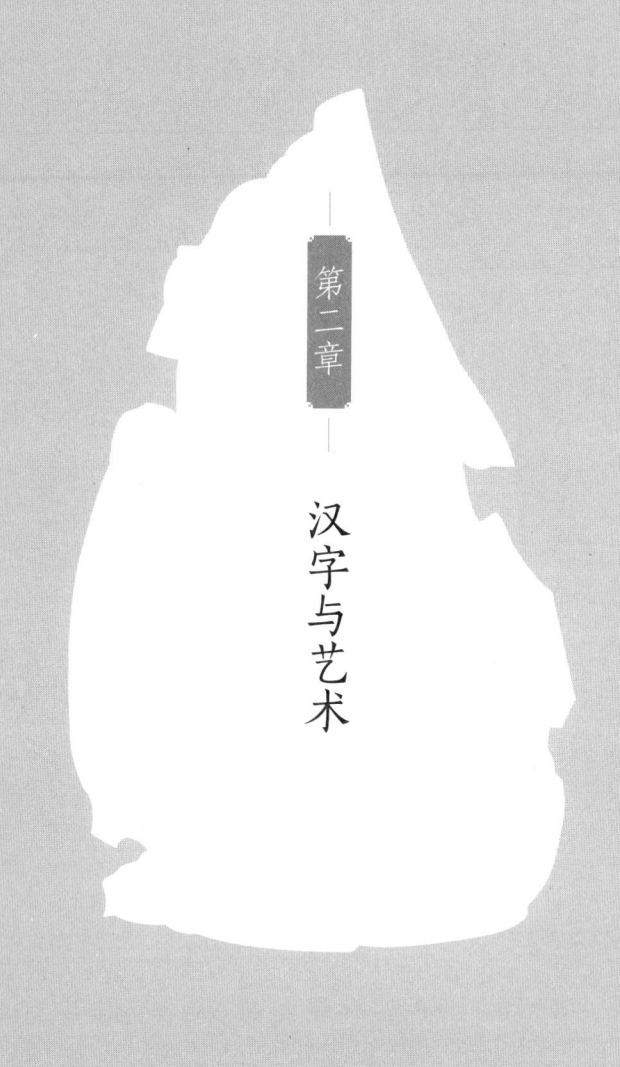

汉字与艺术

趣说"舞蹈"字源

"舞"字在我们的生活中用得还真不少呢!早上起来,我们"闻鸡起舞";走出室外,我们看到"花飞蝶舞";孔雀也被美景吸引,忍不住"翩翩起舞";我们心情愉悦,在书房"舞文弄墨",文章写得实在太好了,引来一片赞叹之声,忍不住"欢呼鼓舞";写了文章之后,健健身,我们来一个"舞枪弄棒";文武双全,金榜题名,我忍不住"眉飞色舞",还会"载歌载舞"!

"舞"字在这么多场景中被使用,然而我们知道它是如何来的吗?

黄帝战败蚩尤,管理的疆域扩大,归附的人增多。

一天,黄帝骑上五瓣梅花鹿,带着仓颉离开中原,去少数民族聚居地视察。

轻风拂面,莺歌燕舞。黄帝走了七七四十九天,来到崆峒山下,正准备上山,却被一个场面惊住了:在泾河边围拢着很多人,男的全身赤裸,只用树叶遮着下身,头上套着树枝编的圈,圈上系着一条长垂下的兽尾;女的也全身赤裸,只用兽皮掩着下身,头上也套着树枝编的圈,黑

第二章 | 汉字与艺术 033

油油的长发飘垂下来,两根美丽的羽毛在头顶高高竖起。他们一个个表情严肃,男的跪着,女的站着,在泾河边围拢成半圆,半圆内平坦的地上有十二个少女,她们右手拿朵花,左手捏枚草,嘴里呼着"呜——呜——呜"的节拍,一踢一扬非常夸张,身子剧烈地一扭一拧,弥散着诱惑力。

这是居住在平凉的猃狁族人正在举行祓除不祥、祈祷平安的活动。每年三月中旬,也就是春天来临时,猃狁人就要在宗庙社坛中举行这种祈祷活动,以求一年平安。

仓颉看出十二个少女跳的是伏羲八卦,这是按八卦的乾、坤、坎、离、震、巽、艮、兑八个方位,再以中为心跳的舞,仓颉很快在一张牛皮上画出了谱。黄帝被十二个少女的动作吸引住了,连叫:"跳得好,跳得真好!"他侧过头问仓颉:"她们在跳什么?"少女们不断夸张地踢腿扬腿,不断妩媚地扭腰拧胯,嘴里"呜——呜——呜——"地合着节拍,她们在跳什么? 呜——舞?"舞! 她们在跳舞!""舞? 跳舞? 好! 马上给舞造个字。"

仓颉不愧是创造文字的天才,眉毛没动,嘴角没拧,就用树枝在地上写出了——✦。舞字最初是个象形字,实是双手张开跳舞的人形,为了区别跳舞和其他动作,仓颉根据跳舞少女手里拿着花朵、草束的特点,就在双手的手形下造出了花草形(另有说法是牛尾)。

周代,人们给"舞"字添了些符号,战国时期又添了些符号,字变得复杂了。篆文"舞"字——舞,在甲骨文的人形基础上加了两只脚,使跳舞的意义更加突出。

到秦代后期出现了"舞"字,"舞"上部分表音,"舛"表义,"舛"是左右两只脚向下跳踏的模样。到此,象形字"舞"变成了形声字"舞"。隶书和楷书中"舞"字表示人形和物体的线条逐渐黏合在一起,成为"舞"字的上半部分,下半部分仍然表示舞者的两只脚。

20世纪50年代,有人在崆峒山下草窑沟拾得一块有"✦"字形的石头,因缺乏文物常识,此石没有得到保留而遗失了。

原来一个小小的"舞"字,竟然有这么大的学问啊!说完"舞"字,一定有人会好奇,舞蹈的"蹈"字又藏有什么秘密呢?

"蹈"字从造字法看属于形声字,从足,舀声。我们来看小篆中的"蹈": 。其本义是踩踏、奔跳的意思。看来古人跳舞不仅可以手脚并用,还可以打节拍,热闹的氛围让我们也情不自禁地舞动起来。

我们的祖先曾经用舞蹈表达他们对生活的看法,今天的舞蹈种类更多了,比如古典舞、芭蕾舞、民族舞、民间舞、现代舞、踢踏舞、爵士舞、拉丁舞、街舞等。经常跳舞不仅可以强身健体,还可以让我们气质出众,你喜欢哪种舞蹈呢?

延伸思考

你能给身边的人讲讲"舞蹈"二字的字形特点吗?

汉字是天生的舞蹈家

我是汉字，同时，我也是舞姿舒展、变幻无穷的舞蹈家。

为什么说我是天生的舞蹈家呢？

舞蹈艺术讲究点、线、段的组合变化，调动肢体和人体的各种感官，讲究形由意出，形神兼备，我也是如此。从静态上看，我是由点、线、面所组成的线条艺术，是美丽的图画文字；从动态上看，书法中的我则又是体态优美、婀娜多姿、活灵活现的舞者。

我用线条做笔画：点、横、竖、撇、捺、提、折、钩，这被古人称为"永字八法"。我用结构做规范：左右结构，如"挣、伟、休"；上下结构，如"志、苗、字"；左中右结构，如"湖、脚、溅"；上中下结构，如"禀、莺、宴"；半包围结构，如"句、可、司"；全包围结构，如"囚、团、因"；镶嵌结构，如"坐、爽、噩"。

如果说甲骨文和金文时期的我还处于模仿舞蹈的初级阶段，线条身段尚不流畅，动作衔接尚不协调，那么到了篆隶字体时期的我分明就已经是自成一派的舞蹈家了。

篆书时期的我有着弯曲有致的笔画,合理的间架结构不就是一个舞者在扭动腰身,翩翩起舞吗?隶书时期的我圆润细腻,不就是"顿履随疏节,低鬟逐上声"的宫廷舞女吗?楷书时期的我严谨整齐,笔锋犀利有序,不正像《破阵乐》般的军舞吗?行草体的我,笔走龙蛇,环环相扣,辗转腾挪,则更像人间的自由舞。从现代艺术的角度来审视,以舞蹈艺术的标准来看我的艺术美,也一样合于美感。所以,有人对我进行了形象的比喻,篆隶体的我,如同华尔兹、探戈的翩翩起舞;行书时期的我如同芭蕾、伦巴;天马行空、龙飞凤舞的狂草时期的我如同奔放不羁的恰恰舞。

　　我是汉字,我更是一位天生的舞蹈家,舞动青春,舞动汉字。

延伸思考

你能给国际友人讲讲汉字的舞蹈美吗?

震撼的字舞

暑假生活开始了,可尔康同学却有一件烦心事。

一旁正在看体育频道球赛的父亲发现儿子眉头紧锁,关切地询问原委。

尔康回答:"学校布置了研究性学习,但是我毫无头绪,不知道研究什么。"

父亲说:"不用担心,爸爸和你一起想想。"

此刻的尔康心里一阵暖意。

时间一分一秒地走着,父子俩抓耳挠腮。

体育频道的球赛结束了,电视里响起了歌曲《我和你》的旋律。原来,体育频道此刻正在播放2008年北京奥运会开幕式。

"有了!儿子,快看!这是什么?"父亲迫不及待地指着电视里的节目说。

"'和'字呀!和平的'和'字。"尔康满脸疑惑地回答道。

"你仔细看看,这个'和'字的下面是什么?"

"是人,很多人在表演嘛!"

"你知道这叫什么舞蹈吗?"父亲一脸神秘地笑着问道。

这可难住了尔康,他支支吾吾回答不出来。

父亲兴奋地从沙发上站起来,大声说道:"这是字舞!演员们通过身体起伏,队形变换,组成立体活字印刷版。这种充满动感的表演,既为世界呈现了中国汉字的演化过程,也彰显了中华民族以'和为贵'的世界观。"

尔康不解地问道:"这和我要做的研究性学习有什么关系呢?"

"字舞就是你的研究方向呀!字舞在古代同样精彩纷呈,但我们只能粗略地了解,研究性学习考察的是你的自主研究能力,你应该主动查找字舞的相关资料,确定研究方向,去观察生活中的字舞表演形式。"爸爸一脸严肃地回答道。

尔康脑海里忽然浮现出去年学校运动会时的场景。

高一年级的女生们穿着同样的衣服,动作整齐划一,用队形组成了"中国"两个字。这不就是父亲所说的字舞吗?尔康告诉了父亲。

父亲说:"对,这也是字舞,你亲自参与了,应该能体会到字舞里面的和谐精神,倘若人人不听招呼,只顾自己,那震撼的效果是展示不出来的。"

尔康若有所悟,回到书房开始收集有关"字舞"的知识。

他了解到,字舞是我国古代的一种大型乐舞。唐段安节《乐府杂录》云,舞有健舞、软舞、字舞、花舞、马舞。字舞者,以舞人亚身于地,布成字也。据历史文献记载,这种字舞盛行于唐代,常在朝廷庆典和重大节日时表演,用以歌颂帝王的武功文德。

据《旧唐书》记载,武则天曾亲自排演了《圣寿乐》,相传这就是最早的一支字舞。这支舞蹈演出时,演员有140人,戴着金铜冠,穿着五色画衣,载歌载舞,在队列变化中,用队形排成字。舞队每变换一次队形就摆出一个字,共摆出十六个字,拼成四句颂词:"圣超千古,道泰百王,皇帝万年,宝祚弥昌。"

武则天以后,唐玄宗李隆基是个精通音律、爱好歌舞的皇帝。他在位多年,每当朝廷庆典,他都亲临勤政楼,列舞楼下,令文武百官和诸蕃酋长观看。当时"太常大鼓,藻绘如锦。乐工齐击,声震城阙"(《旧唐书·音乐志》)。李隆基对字舞也很感兴趣,他不仅模仿《圣寿乐》的摆字,自编了一个字舞《光圣乐》,歌颂自己光复李唐王朝的功业,而且对武则天创制的《圣寿乐》进行了改编。改编后的《圣寿乐》在编排、表演上别具匠心,使字舞得到了进一步的发展。其中最为人称道的是"回身换衣""作字如画"两点。据崔令钦《教坊记》记载,《圣寿乐》的舞衣,衣襟上各绣一大窠色彩斑斓的花,另随其舞衣本色又制一短衫罩在上面,称为"藏绣窠"。舞人初出乐次,皆是缦衣。舞至第二迭,相聚场中,即于众中从领上抽去笼衫,各纳怀中。

宋代为了适应勾栏的演出,投合市民的艺术趣味,字舞逐渐小型化和通俗化。演出形式则用人体偃卧于地摆出"天下太平"四字,字舞成了都市百姓的一种舞蹈形式。字舞在宋代还传到了高丽。据《高丽史》记载:"(文宗)三十一年二月乙未,燃灯,御重光殿观乐。教坊女弟子楚英奏王母队歌舞,一队五十五人,舞成四字,或'君王万岁',或'天下太平'。"(《高丽史》七十一《乐志二用俗乐节度》)

蒙古族是个能歌善舞的民族。他们逐渐吸收汉族文化,也沿用唐宋时流行的字舞。皇帝出行时,按蒙古族的风俗,教坊乐工、舞伎都一起随行到上都。在皇帝至御天门时,由舞使在前引导,边歌边舞,舞出"天下太平"字样。

明清的字舞与舞灯结合了起来,以灯为道具,用灯光来组字。舞灯,古已有之。宋人在天基圣节时就有舞灯的表演:歌伎十二人,每人手持两盏花灯,口唱《喜迁莺》"人间欢乐"词,边唱边舞,俯伸旋转之间,或舞出"双龙交会",或舞出"孔雀南飞",或舞出"锦配字",或舞出"倒连环"等。(周密《武林旧事》)

"原来字舞里藏有这么丰富的文化啊!"尔康感叹道。

研究性学习有了思路,尔康相信自己一定能完成好。

延伸思考

你能试着和伙伴们表演一段字舞吗?

汉字，天然的音乐家

小娜如愿以偿考上了自己梦寐以求的大学，并就读于对外汉语专业。

小娜从小喜欢听童谣，唱童谣。《丢手绢》《小星星》《两只老虎》等童谣，陪伴了小娜快乐的童年生活。

如今小娜选择了对外汉语专业，可以向专业老师学习汉语和西方语言的知识了。

董教授的课，今天主讲"汉语和英语发音比较"。

小娜听得非常认真。

"如果将汉语的发音系统与西方语言的发音系统加以比较，我们将会认识到汉语发音系统的强大。"董教授在黑板上板书"发音系统"四个大字。

"从总体上来看，西方语言在语音上最为突出的是重音、元音、清辅音、浊辅音，在句子中则体现为音部、头韵、尾韵、音步、升降调等；汉语文字不仅具有西方文字的语音特征，而且更为重要的是，还尤为凸显语言的声调、平仄和押韵。正是因为平仄与声调,语流更易在声音中形成一种抑扬起伏的音乐旋律,而押韵则更易通过声音来牵动听众的情感,从而在心头形成一种音乐的氛围。而特殊的拟声字的出现,更是汉字音乐性的进一步表现。"

听了董教授的讲解,小娜明白了,童谣里的汉字发音正是包含了这些特质,因此读起来朗朗上口,节奏感强,受到孩子们的欢迎。

"老师,什么是元音?"小娜不解地问道。

"元音又称母音,是在发音过程中气流通过口腔而不受阻碍发出的音。在所有发音系统中元音是最为嘹亮清脆的声音,因此也被称为乐音。"

"那辅音又指什么音呢?"小娜接着问道。

董教授耐心地解释道:"辅音,又叫子音,是指气流在口腔或咽头受到阻碍而形成的音,声音不够清晰响亮。汉语就是通过元音音高和音长的变化以及与辅音的交错组合,从而在语音层面实现音乐美的。"

董教授拿起讲台上的粉笔,走到黑板旁,写下"教我如何不想她"几个大字。并用多媒体课件投影出歌词:

> 天上飘着些微云,地上吹着些微风。
> 啊! 微风吹动了我头发,教我如何不想她?
> 月光恋爱着海洋,海洋恋爱着月光。
> 啊! 这般蜜也似的银夜。教我如何不想她?
> 水面落花慢慢流,水底鱼儿慢慢游。
> 啊! 燕子你说些什么话? 教我如何不想她?
> 枯树在冷风里摇,野火在暮色中烧。
> 啊! 西天还有些儿残霞,教我如何不想她?

董教授指着歌词告诉大家:"这首歌词是刘半农1920在英国伦敦大学留学期间所作,1926年被赵元任谱曲,当年风靡大江南北。这首优秀的歌曲至今仍是独唱音乐会和高等院校声乐专业的保留曲目。在这首歌曲中,'啊'和'她'反复使用,这两个字的发音均以元音'a'为主,开口度大,发音响亮清脆,很容易吸引听者。而在歌词交替中'微风''月光'等辅音韵的变化,又使歌曲有了自由灵动之感,能给听者带来美的享受。"

同学们和董教授一起伴着音乐,哼起了这首歌。美妙的歌声飘荡在整间教室,也透过小娜的耳朵,飘进了小娜的心里。

董教授接着说:"古代汉语有平、上、去、入四种声调,直到现代,普通话也依然保存着这种四声调发音系统。一般来说,平声字音最长,上、去、入的字音依次缩短;字音的高低是平、上、去、入依次增高。"

此时,小娜打开书,看到这样一段话:

关于四声,唐代高僧释神珙所引《元和韵谱》中说:"平声者哀而安,上声者厉而举,去声者清而远,入声者直而促。"这是诗文与音乐交融的理论依据。

小娜举起手问道:"董老师,汉语就只有4个声调吗?"

董教授摇了摇手指,说道:"一般来说,如果将各地方言也作为考察对象,汉语的声调就不止4个,例如,湘方言有5个声调,客家方言有6个声调,吴、闽、赣等地方言有7个声调,粤语甚至有9个声调,部分地区的方言更是多达13个声调。不同声调的方言地区在音乐的曲调和歌唱风格上有着显著的差别,如北方的民歌和音乐曲调的整体风格是粗犷豪放的,而南方的民歌和音乐曲调的整体风格是柔和舒缓的。"

说着,董教授操控多媒体课件,投影出以下内容:

北方民歌《敕勒歌》:"敕勒川,阴山下。天似穹庐,笼盖四野。天苍苍,野茫茫。风吹草低见牛羊。"

汉乐府民歌《江南》:"江南可采莲,莲叶何田田。鱼戏莲叶间。鱼戏莲叶东,鱼戏莲叶西,鱼戏莲叶南,鱼戏莲叶北。"

"大家观察《敕勒歌》,这首民歌声调起伏变化,音律抑扬顿挫,风格大气磅礴。体现了北方人民的粗犷和豪爽。我们再观察《江南》,这首曲子主要用平声调和上声调,语调低缓,采莲女的轻快欢乐由此可见。"董教授给大家分析道。

小娜是南方人,相比《敕勒歌》,她更喜欢《江南》。而董教授是北方人,直爽地说自己喜欢《敕勒歌》,并情不自禁地哼唱起来。

"我们接着讲平仄。"董教授哼完歌继续说道,"平仄,是汉语发音系统的专利。自永明体'四声八病'开始,汉语尤为讲究发音的平仄关系。沈约作为倡导者,提出从字词声韵的视角来实现文学语言的抑扬之美。从汉语的吟诵实践来看,平声字一般读得低一点、长一点,仄声字一般读得高一点、短一点。这样,首句吟诵起来,'平平——仄仄——平平——仄',音高的'低低——高高——低低——高',音长的'长长——短短——长长——短',如此很有节奏地交替出现,就自然地形成了抑扬顿挫的鲜明节奏。

"诗歌文学中唐代形成气候的格律诗尤其注重语言的平仄对应,在各种乐器的伴奏下,诗人吟诵诗作,俨然变成一位歌者,在平仄变换中展露胸中之丘壑,心中之喜怒。"

说话间投影上出现了陈子昂的《登幽州台歌》:

前不见古人,后不见来者。
念天地之悠悠,独怆然而涕下!

董教授喝了一口茶,接着说道:"我们把平仄进行分析,平仄仄仄平,仄仄仄平仄。仄平仄平平平,平仄平平仄仄。其平仄对仗严格来讲并不是很严密,但从平仄的变化来讲,我们仍然能从中体会到诗人登楼远眺,凭今吊古所引起的无限感慨。可见,把不同的单字连接起来,充分运用平仄四声,让这两类声调彼此交错,相反相成,就能产生声韵和谐、悦耳动听的音乐美,取得抑扬顿挫、曲折变化的效果,从而表达喜、怒、哀、乐的不同情感。"

下课铃声响起,董教授收拾教具准备离开,小娜意犹未尽,追到老师身边问道:"董老师,您可以为我讲讲押韵吗?"董教授放下教具,爽快地说道:"当然可以。"

"押韵是在诗句的末尾使用韵母相同或者相近的字。押韵可以使诗句更加悠扬动听,前后呼应,形成完美的旋律感。押韵的作用,一是令诗文读起来顺口、悦耳,二是令诗文读起来有一种回环往复的音乐感。春秋时期的《诗经》就已经押韵了,比如我们最熟悉的《蒹葭》:蒹葭苍苍,白露为霜,所谓伊人,在水一方。这个名句中的'苍''霜''方'的韵母都是'ang',读起来朗朗上口。虽然汉语的语音语调在2000多年里发生了很大的变化,但是从这首诗歌里仍能体会到汉语的一脉相承。"

最后,董教授说:"我给你一份资料,你可以好好读读,兴许会有收获。"

小娜拿着资料,开心地回到了寝室。

夜幕降临,室友们在闲聊,但小娜的注意力始终在董教授给的那份资料上。

"朝辞白帝彩云间,千里江陵一日还,两岸猿声啼不住,轻舟已过万重山。"李白的《早发白帝城》押"an"韵。

"远上寒山石径斜,白云生处有人家,停车坐爱枫林晚,霜叶红于二月花。"杜牧的《山行》押"a"韵。

"辛苦遭逢起一经,干戈寥落四周星。山河破碎风飘絮,身世浮沉雨打萍。惶恐滩头说惶恐,零丁洋里叹零丁。人生自古谁无死,留取丹心照汗青。"文天祥的《过零丁洋》押"ing"韵。

小娜感叹道:"汉语真是天生的音乐家,汉字因为汉语而有声,这声音赋予了汉字更神奇的魅力。"

第二天,小娜准时来到董教授的课堂。董教授今天穿了一身中山装,精神抖擞,他给大家讲道:"汉语的音乐性因为元音和辅音,也因为平仄,还因为押韵。而字音和字义的水乳交融,莫过于拟声字了,如鸟叫'啁啾''呢喃',金属、瓷器的碰撞'丁当''哐啷'等等。音韵的技巧就在于选择富于暗示性或象征性的字音和比喻。如形容马跑时宜用铿锵急促的字音;形容水流时宜用圆滑轻快的字音;表示哀感时宜用阴暗低沉的字音;表示乐感时宜用响亮清脆的字音。以白居易《琵琶行》中描写音乐的语段为例。用平声'嘈嘈'与仄声'切切'这两组叠字摹声,又用'如急雨''如私语'使之形象化。'嘈嘈切切错杂'连用六个舌齿摩擦音,恰能摹状声音的短促迅速,与'大珠小珠落玉盘'对比,听觉形象与视觉形象同时显露,令人耳目一新,目不暇接。'大珠小珠落玉盘'一句,'落'为入声字,短促响亮,仿佛轮指。'滑'仿佛圆滑音,'涩'仿佛泛音。'间关'之声,轻快流利,好像'莺语花底'。'幽咽'之声,悲抑哽塞,好像'泉流冰下',视觉形象和听觉形象互促强化,相得益彰。由'冷涩'到'凝绝',是一个'声渐歇'的过程,诗人用'别有幽愁暗恨生,此时无声胜有声'的佳句描绘余音袅袅、余意无穷,令人拍案叫绝!弹奏至此,以为曲终了。谁知'幽愁暗恨'在'声渐歇'的过程中积聚了无穷的力量,如'银瓶乍破',水浆奔迸,如'铁骑突出',刀枪轰鸣,把'凝绝'的暗流突然推向高潮。然后收拨一画,戛然而止。'四弦一声如裂帛'仿佛用力扫弦。一曲虽终,而'一夜余音在耳边'。诗人又用'东船西舫悄无言,唯见江心秋月白'侧面烘托,给读者留下了涵泳回味的广阔空间。这段平仄韵交替出现,与音乐的起伏相互协调,达到了诗文和音乐水乳交融的效果。"

小娜听完董教授的讲解,感叹道:"汉字发声的音乐性真令世人动容。"

小娜爱上了汉语,更爱上了汉字,她坚信,自己一定能学好专业,把汉语的音乐性,讲给自己以后的学生听。

延伸思考

你能创造一首音韵和谐,读起来朗朗上口的童谣吗?

汉字与乐器

20世纪到21世纪初,在河南省舞阳贾湖遗址内,一件神奇的宝物让考古工作者们惊喜万分。这个宝物就是骨笛。据推测,这些骨笛距今已有8000多年的历史,比汉字产生的时间还要早几千年。

翻看旧报纸,他读着上面的新闻,看着出土的骨笛照片,虽然骨笛无声,却带着他的思绪飞往古老的音乐世界。

他梦到大自然的声音,也梦到古人的声音。

泉水叮咚,细雨淅沥,夏虫喃喃,鸟雀啁啾……无数的天籁之声飘进了古人的耳里,陶醉在古人的心里。狩猎劳动之余,古人仰望星空,嘴巴情不自禁地发出奇怪的声音,似乎在回应着天籁。第二天劳动之时,疲倦了的古人拍打着木头、石器,似乎感到了一种前所未有的愉悦。原来这就是节奏,这就是音乐的最初形态。音乐,是一种绝美的享受,而制造音乐成了古人探索发现的乐趣。

他梦到古人狩猎。

猎人们认为被狩猎的动物躯体中附有灵魂,据说用那样的骨骼做成乐器吹出的声音可以有效地吸引其他的动物。于是,骨笛产生了。

因为生产力的限制,狩猎的成功率并不高,古人意外地发现,竹子的中心也是空的,于是聪明的古人发明了竹笛。后来还有石笛、玉笛等,但制作笛子的最好原料仍是竹子,因为竹笛声音效果好,制作成本低。从汉字"笛"的造型看,表示意义相关的竹字形旁,正凸显出这种吹奏乐器主要以竹作为材质的特征。"岂无山歌与村笛"(《琵琶行》)、"谁家玉笛暗飞声,散入春风满洛城。"(《春夜洛城闻笛》)从唐朝两位大诗人笔下,可见笛这种乐器在老百姓平日消遣娱乐中很常见。后来还出现了箫,从字形看,"箫"字形旁也是竹。箫是单管竖吹的古老吹奏乐器,音质轻柔婉转,恬静优雅。"凤箫声动,玉壶光转,一夜鱼龙舞。"(《青玉案·元夕》)热闹的元宵佳节,悦耳的箫声传入耳畔,让人沉醉其间。

他梦到古人采摘植物。

古人意外地发现有的草木韧性强,搓成的绳子绷紧后会发出奇特的声音。而蚕丝的发现更丰富了古人的创造,他们制成了能产生柔美、动听乐曲的丝弦乐器。据说,最早的弦乐器是古琴,又称瑶琴、七弦琴。自古以来就有伏羲、神农、黄帝造琴的说法。最早是五根弦,后周文王与武王分别增一弦,才成为七弦,"琴"字始见于战国文字。瑟与琴类似,共有二十五根弦。古瑟形制大体相同,瑟体多用整木斫成,瑟面稍隆起,体中空,体下嵌底板。

在弹拨乐器中,表现力丰富、音域宽广、技巧性强的琵琶魅力无穷。白居易《琵琶行》:"转轴拨弦三两声,未成曲调先有情。弦弦掩抑声声思,似诉平生不得志。低眉信手续续弹,说尽心中无限事。轻拢慢捻抹复挑,初为《霓裳》后《六幺》。"琵琶在女子的指尖上跳动着令人心动的音符,细腻的情感无不让人潸然泪下。"琵"和"琶"都属于形声字。

他梦到古人与周边部落民族产生冲突,引发战争。

古人将能够振奋士气的鼓创造出来。"壴"是早期鼓的象形,其字形像上插羽饰,下有脚座的圆鼓。"鼓"字右边像竹枝或者木棒或者兵器,即"支、攴、殳"。三形同源,它们所表达的含义是一样的。左右两相结合,表示手持鼓槌击鼓。鼓发出的强有力的声音让士兵的求胜欲望大增。古语有"一鼓作气"的说法。

当年,韩信在垓下布下十面埋伏,包围了十万楚军。韩信数次进攻,楚军顽强抵抗。一天夜里,阵阵古朴浑厚的埙音伴随着楚歌,传到楚军耳中,士兵们思乡心切,全无斗志。项羽见大势已去,不得不带着八百骑兵突围,最终自刎于乌江。

这里提到的埙,是一种开口吹奏的乐器。多用陶土烧制而成,也有木、骨或石制的,多为上小下大的鸡蛋形,有一至十几个音孔。从字形来看,从土,也可以看出其制作材料。发明埙的灵感来自一种叫"石流星"的狩猎工具。在一根绳子的一头拴上石头,依靠绳子的离心力击打猎物。事实上,有些石头是自然中空的,在飞舞过程中会产生鸣响,这启发先民制作出了原始的埙。现存最早的埙是在浙江河姆渡遗址中发现的,距今已有7000年的历史了。

他梦到古人在饮酒、在祭祀。

古人祭祀宴飨等都需要音乐,编钟的出现正是源于此。编钟是大型的打击乐器,由一系列铜制的钟挂在木架上组成,用小木槌击奏,兴起于西周,盛于秦汉。铭文"用享以孝,于我皇祖文考。……用宴以喜,用乐嘉宾父兄,及我朋友",可以证明钟是宗庙及宴会时的乐器。钟字从"钅"形,本义是金属制成的响器,中空,敲时发声。

梦醒了,他放下手中的报纸,情不自禁地拿起笔写下了"乐"字。

他明白了,甲骨文的"✹"字正是取象于古代的弦乐:上面的部分就是后来的"丝"字,下面的部分是后来的"木"字,将丝弦张设于木架之上,就构成了弦乐器的形象。

他拿起家里的竹笛,会心一笑。

延伸思考

你能选择一种古典乐器,演奏一首曲子,与大家分享你的快乐吗?

汉字书法，形与神的碰撞

在浩瀚的星空下，孤独的汉字常常眉头紧锁。

人们读我的时候我有声音，人们写我的时候我有形态，人们理解我的时候我有含义，作为音义结合体的我却并不快乐。我很努力地肩负着中华民族语言交际和记录文明的伟大责任和使命，但是，我却感觉到少了点东西。

人们在一天的辛苦劳作之后，品味美食，聆听音乐，欣赏舞蹈，却不曾对我欣赏。我在他们眼里似乎只是一个单纯记录信息的工具，人们的审美世界里没有我的影子。

晓宇看着印刷体下的汉字，端端正正，毫无生趣，似乎感受到了汉字的无言倾诉。

原来，汉字的孤独是源于没有被人们以艺术审美的角度去欣赏。

周末，晓宇参加了一场书法展，书法展里有中国各个时期的具有代表性的书法作品。看着这些与印刷体不一样的汉字，晓宇陷入了沉思，汉字真的孤独吗？书法作品不就是赋予汉字艺术的魅力吗？

书法家董教授看到晓宇满脸疑惑，便给出了答案：

"汉字其实并不孤独,其本身就包含了艺术因子。想想看,汉字不正是源于图形文字吗?其方块形状留有图画的痕迹,书写时很容易以书写者的美感认识加以美化,成为艺术文字,进而发展成为书法艺术。书法是世界上少数几种文字所特有的艺术形式,是按照文字特点及其含义,以其书体笔法、结构和章法写字,使之成为富有美感的艺术作品。"

晓宇紧锁的眉头渐渐舒展。

董教授接着说道:

"汉字之形是书法艺术的物质基础,书法艺术是由汉字之形生发出的艺术美,两者之间有着密不可分的联系。从表面上看,写字只是让人知道作者本意。而书法不仅使观赏者知其本意,而且还能产生心理共鸣,包含性格、艺术、情趣、美学等。从深层次看,书法是写字的最高层次。写字如打地基,而书法则是上层建筑。书法表达了书家对客观世界、精神世界、情感世界的深刻认识。"

晓宇若有所悟,脑袋里的汉字仿佛长上了翅膀,在艺术的殿堂自由快乐地翱翔。

董教授看晓宇明白了汉字与书法的关联,便继续说道:

"书法是在写汉字的基础上,辅以笔法、墨法、纸法、字法、章法等技术要领,将汉字的每一点、每一画、每一字都展现出书家的精神面貌,令每一个汉字不再单纯地表达其本义,使每一个汉字在书家的挥洒下栩栩如生,从而使汉字'活化''美化''神化'。"

晓宇的眼睛盯着不同的书法作品,感叹道:"中国书法的美是线的美、力的美、光的美和表现个性的美。"

"对,汉字与书法就是形与神的碰撞,碰撞出的正是一种至高的艺术审美。"董教授脸上露出了笑容。

晓宇离开了书法展,但是汉字书法却时刻萦绕在他的心间。回到家,他拿起了笔,与汉字展开了艺术的对话。

延伸思考

你能讲讲你所理解的汉字的艺术美吗?

汉字书法的魅力

周末，晓宇在网上购买了一套中国书法课程，自从上次在书法展和老师交流后，晓宇对中国书法艺术产生了极其浓厚的兴趣。

网课里介绍：中国书法，是以汉字为载体，书写汉字的、抽象的视觉艺术。其抽象的艺术内涵，在于笔法、墨法、章法和汉字形态变化的相互融合所产生的笔墨情趣。

晓宇又继续点开"书法的产生发展"这一课。

他了解到：汉字和中国书法犹如一对连体双胞胎，血肉相连不可分割。它们同宗同源，共同经历了从孕育、形成、递变到成熟的全过程。早在远古时期，中华民族的祖先就创造了结绳记事、刻图记事的方法：在绳子上打结，或用利器在树木上刻画图形符号，把劳动的收获和生活中发生的重大事件记录下来，逐渐地产生了一些简单的记事图形符号。但是，这些图形符号还不能称之为文字，只是汉字的雏形，为汉字的形成奠定了基础。后来，这些图形符号逐渐演变成了图形文字；再后来，人们发明了象形、指事、形声、会意、转注、假借等造字方法，在图形文字的基础上,创造出了完整的汉字体系。文字产生后,需要书写来表现,于是产生了书法。

晓宇感叹道:"原来书法的产生是以汉字的变化为基础的。"

"中国书法历史悠久,书体沿革流变,书法艺术异彩迷人。从甲骨文、金文演变为大篆、小篆、隶书,至东汉、魏、晋的草书、楷书、行书诸体,书法一直散发着独特的艺术魅力。现在,我们把甲骨文、金文、大篆、小篆统称为篆书,将其划入古文字范畴;把古隶(秦隶)、今隶(汉隶)统称为隶书;把章草、今草统称为草书;把隶书、草书、楷书、行书划入今文字范畴。于是,汉字书法归纳成了篆书、隶书、草书、楷书、行书五种书体,也就是中国书法五体。按照汉字形成与递变顺序排列为:篆书(甲骨文、金文、大篆、小篆)、隶书(古隶、今隶)、草书(章草、今草)、楷书(魏碑、唐楷)、行书。"网课书法老师介绍道。

晓宇把宣纸摊开,并把研好的墨放在平整的书桌上,拿起毛笔在纸上用心模仿着网课里呈现的不同书法作品。

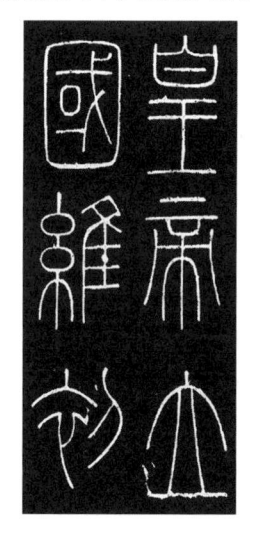

他观察上面这幅刻石上的小篆,它的笔画首尾匀圆,结构对称,给人以刚柔并济、圆浑挺健的感觉。

晓宇感叹道:"篆书之美,真是奇正相生、逶迤盘旋的活力之美!"

上幅图为著名的《曹全碑》局部，字形扁方，左右伸展。横画的起笔要重按，看上去要像蚕一样浓墨饱满，而横画的收笔讲究重按下去再轻轻提起，看上去就如海燕贴着海面向上自由飞翔，显得潇洒自如。

"这是隶书体，隶书之美，真是厚重凝聚、庄严典雅的宁静之美。"晓宇称赞道。

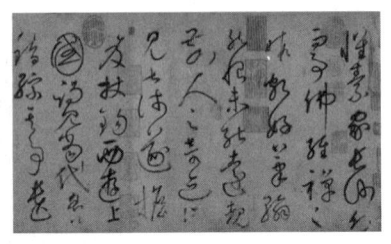

以上两幅草书分别为张旭和怀素所写，二人为草书"二绝"，世人谓：张旭为颠，怀素为狂。张旭的草书流走快速，连字连笔，一派飞动；怀素的狂草，用笔圆劲有力，使转如环，奔放流畅，一气呵成。

晓宇很喜欢这种字体，他发现，草书之美，是灵动流畅、千姿百态的变化之美。

以上四幅书法作品为楷书四大家所写,他们分别是:唐朝欧阳询(欧体)、唐朝颜真卿(颜体)、唐朝柳公权(柳体)、元朝赵孟頫(赵体)。楷书脱化于隶书和章草,孕育于汉代,始于三国,盛行于魏晋南北朝,唐代是鼎盛时期。

晓宇感叹道:"楷书之美,真是严谨沉实、浑厚刚直的端正之美。做人也应该像楷书一样,端端正正,做一个大写的人。"

上面这幅图是大书法家王羲之所书的《兰亭集序》,被称为"天下第一行书",风雅之气彰显,为世人称道。行书是"五体书"中最具实用性

第二章 | 汉字与艺术 055

的一种书体,它最能活泼地表现出书法艺术的本质特征。

晓宇赞叹道:"行书之美,真是飘逸易识、行云流水的风雅之美。"

晓宇从此愈加喜爱书法。

延伸思考

你能选择一幅你喜欢的书法作品进行临摹吗?并说说你写字的感受。

"玄"字的独白

我的名字叫玄,我的本义是赤黑色,赤黑色较为模糊,由此引申出深奥、玄妙等意思。

在甲骨文阶段,我长成这样"8",我的形状很像阿拉伯数字"8",只是因为契刻,所以产生了不规则的尖角。

在金文阶段,我有了一定的弧度,能更明显地看出丝线的象形。这是我此时的样子"8"。

在战国的楚简中,更加突出了上面的丝结。我变成了这样"8"。

把上面的结的系带放长,就变成这个样子"玄"。这个其实就是你们后来常用的"玄"的写法的源头。

在汉简时期的我,延续了"加长系带"的写法,写法更加随意自然,系带已经演化为接近横画,是隶书"蚕头雁尾"的前身。

汉简马王堆帛书中的我是这样:"玄"

汉代隶书成熟期,礼器碑的我变成这样:"玄"。体式优美,笔意连贯,横画波磔力度充满变化。

在唐代成熟楷书时期,颜真卿《颜家庙碑》里的我是这样的:"玄"。结体浑厚,重心平稳,刚直不阿,用笔力量足,转折果断。一个凛然大汉,端坐庙堂的感觉。

明代董其昌《自题临古》里行书时期的我:"玄"。写法一气呵成,点画用笔侧落而有力,几个横折气势连贯而不乏力度,第一个横画向右高抬,最后一笔向左下延伸,和第一横构成动态平衡。整个字如同一个人在跳舞,充满动态美。

明代沈粲的草书《千字文》中的我:"玄"。较之行书更加注重连贯气势,整个字变成一个笔画的变化,从开始的点落笔延伸,肘腕齐发,线条连续流动,如同蜿蜒溪流顺势而下,每一个转折都有力度变化,虽然迅速,但是并不凌乱。

在历代书法家笔下,我的形态多变,气象万千,相信你们从我的不同阶段的变化中欣赏到我的美了吧。

延伸思考

你能尝试写出不同书体的"玄"字吗?

神奇的「之」字

浙江绍兴会稽山,虽不入五岳排名,文化积淀却很深厚。

传说三过家门而不入的上古治水英雄大禹,一生行迹中的四件大事:封禅、娶亲、记功、归葬都发生在会稽山。

汉以后这里成为佛道胜地,山中的阳明洞天为道家第十洞天,香炉峰为佛教圣地,至今香火旺盛。

南朝画家顾恺之说会稽山"千岩竞秀,万壑争流,草木蒙笼其上,若云兴霞蔚"。南朝诗人王藉咏会稽山的诗句"蝉噪林逾静,鸟鸣山更幽"传诵千古。

课堂上,王一举手说:"老师,我记得高中时学过的《兰亭集序》里面讲的兰亭就位于会稽山。"杨老师笑着答道:"王一同学说得没错,历史上著名的兰亭盛会正是发生在此。谁知道《兰亭集序》的作者是谁?"王一激动地举手回答道:"是王羲之,碰巧我也姓王。"此时,大家七嘴八舌:"东晋著名的书法家""书圣""他的字值千金""他写的《兰亭集序》被后人称为'天下第一行书'"……

杨老师用多媒体投影出《兰亭集序》。

"很可惜的是,王羲之的《兰亭集序》真迹已无处可寻,我们只能通过后人的摹本来欣赏。宋代米芾曾说其中'之字最多无一拟',大家看看有多少'之'字?跟小组成员说说你欣赏的'之'有什么特点或魅力。"

"一共20个'之'字!"

"加上落款一个'之',共21个'之'。"

"这个'之'最潇洒!"

"我觉得那个'之'才叫大气,很豪放!"

同学们已开始激动起来,争相挑选自己喜欢的"之"字,努力搜索词汇予以赞美,唯恐被别人占了上风。

"你们看,这第一个'暮春之初'的'之'字,扁平匀称,多么沉稳。"

"沉稳,第二个'会于会稽山阴之兰亭'的'之'字,不也是扁平沉稳的?它比第一个'之'的捺笔更细,除了沉稳,还更显得空灵飘逸,岂不更好?"

"我倒觉得,'虽无丝竹管弦之盛'中的'之'字很独特,捺笔粗而有力,特别像个运动员迈开长腿跑步。"

"我觉得越到后面,'之'就越带有草书的风格了。瞧,'夫人之相与'中的'之',力度足,笔锋劲,点横相连,形成回环之势,运笔用墨仿佛有音乐的节奏。"

"没错,后面'悟言一室之内'中的'之',那才叫笔底生风,气势磅礴。横笔变成了牵丝连线的两个点,动感十足;折笔颇有力,简直'横扫千军如卷席';而收笔就像在一阵磅礴的乐声之后,音乐家用指挥棒迅猛一收。"

……

时间如溪水般流逝,激烈的讨论翻涌出朵朵浪花。

杨老师见大家兴趣深厚,禁不住心生欢喜:"同学们刚刚观察得非常仔细,说得很有道理,书圣的笔力曲折多姿,每个'之'字都用了不同的书法书写而成,具有不同的体态及美感。书法讲究起承转合,讲究用笔的力度,讲究停顿笔锋。大家今天不仅体验到了书法的魅力,还悟到这么多道理,相信以后在书写时,也一定能刻苦练习参悟,形成独特的美感。"

同学们点头同意,都拿起笔在纸上写"之"字,描摹,对比,观察,再落笔……然后大家互相传看,指点修改。

"写好一个字不是简单的事,要创造长篇书法作品更是不易,谁知道王羲之创造《兰亭集序》的过程?可以给大家讲讲吗?"杨老师问道。

王一同学又举手说道:"老师,我暑假看过相关书籍,我来给大家介绍。

"有一年春天,王羲之请了许多宾客,包括司徒谢安、司马孙绰以及附近几个县令,带上自己的几个儿子,来到会稽兰渚山麓的兰亭聚会。春暖花开,山清水秀,一行人踏着悠闲的脚步,在山径中行走。这时,王羲之提议来一次传统的'曲水流觞'助兴,得到了众人的赞同。于是,大伙儿来到一条弯曲的小溪边,各自找一块儿石头坐下。王羲之命书童在小溪的上游将几只装满酒的觞放在一个木盘里,然后让盘子顺着小溪流向下游。当盘子流经某个人身边时,那个人就得赶快作一首诗,若作不出诗,就得罚酒三杯。这一场'曲水流觞'的游戏大家玩得十分尽兴,最终作出了二三十首好诗。为纪念这次聚会,大家提议把这些诗编成一个集子,取名《兰亭集》,并公推王羲之写一个序。王羲之也不推辞,命书童在兰亭摆下笔墨,在众人的簇拥下信步来到了兰亭。他环顾崇山峻岭、松林竹园、溪水瀑布,不由得思绪万千。过了一会儿,序的腹稿已在胸中打好,王羲之在书案前盘腿坐下,拿起毛笔,在纸上飞笔一挥而就。被誉为'天下第一行书'的《兰亭集序》,就在这会稽群山中诞生了。"

同学们鼓起了热烈的掌声。

"王一同学讲得真棒,一个小小的'之'字在王羲之的笔下游走出书法的魅力。书法给汉字披上了一件浪漫的舞裙,我们为王羲之点赞,更为中国书法点赞。希望咱们能传承书法精髓,写好中国字,滋养中国精神!"

教室里再次响起雷鸣般的掌声。

延伸思考

请试着在宣纸上临摹《兰亭集序》。

汉字雕刻的生命之美

嘉陵江如一道柔美的绸缎，轻轻缠绕在起伏的巴山之间。已不知多少个清晨，熹微乍现，一个褐衣少年在江边俯身捡拾鹅卵石。

"这块扁扁圆圆的，适合刻'王'字，送给表哥王英洛；这块像水滴，倒过来刻'干'字正好，就送给隔壁的干婆婆吧……"

"这块拇指大小的石头，真是袖珍版的鹌鹑蛋，椭圆的，像个小脸蛋，给邻家小丫头吕妹妹，她一定会开心得蹦起来……"

阳光穿过晨雾，江面波光粼粼，清澈的笑意荡上少年的嘴角。他掂了掂粗布袋，沉甸甸的："差不多了，别让师傅等急了！"

少年一路小跑，一阵风般来到小院。推开虚掩的柴门，只见一位白须老者端坐庭中，庭院里木、石、根、玉一应俱全；面前的案桌上，刀、凿、斧、锤应有尽有。老者一手握着即将成形的石雕，一手执刻刀细细雕琢。

"师傅，我捡到了各种形状的石头！这次一定能为不同姓氏找个适合的形状了！"

师傅没抬头,一缕微风吹起他零乱的发丝:

"徒儿,汉字造形虽然主要以方块状呈现,可每个字都在方正的基础上略显着各自的形状。你今日挑选石头,可选到些什么形状?"

"师傅,圆形、椭圆形、菱形、水滴形、弯月形……"

"嗯,石形与字形相契合,字体雕刻时,方能彰显出字体的灵活多变与流畅自如。"

"师傅,这有凹有凸的石块有何用途?"

"凹处可蓄水,就刻成江水吧!"

"嘿,还真像是水泽汪洋……师傅,您可真有想象力!"

"不是师傅有想象力,而是字有生命力!你瞧这字的各部分,如堆积木,以侧、勒、努、趯、策、掠、啄、磔等组合构成独立的画面。处处都彰显出性情。"

少年跟着师傅专注地雕刻,涂金,打磨……经历了数日的复杂工艺,一块块汉字石雕作品陆续完工。师傅看着这堆有了灵性的字石,眼中流动着一汪饱满的春水。

这天,少年把刻有姓氏的鹅卵石依次送给亲友邻里,大伙都争相玩赏。吕家五岁的小妹摸着手心里的小石块,好奇地问:

"哥哥,这两个圆圈,是什么意思呀?"

"这是你的姓氏,'吕'字,上下两个'口'。"

"为什么要把字刻在石头上呢?"

"石头圆圆的,汉字方方的,古人说,'天圆地方,天人合一',就是把自己置身于和谐自然的环境之中……"

吕小妹似懂非懂。

少年笑了笑:"简单地说,刻上去,表明这块石头就属于你了,你把它带在身边,它就是你的守护石!"

吕小妹眼睛发光:"太好了!奶奶说我属猴,猴就是我的守护星,可从没一只猴子跟着我守护我;现在我有守护石了,我有伴儿了!"

少年觉得丫头可爱,突然有一个想法:"要是把'猴'也刻在石上,不就更完美了吗?"

于是,他一阵风般跑到师傅书房,专心地在书中查寻起"猴"的造型来。

书中有关十二生肖的篆刻里有记载:"猴"的最后一笔加上了卷曲的尾巴;"雏"的起笔加上了鸡冠,"猪"的头部刻出了显著特征——鼻子……

他越看越觉得有意思,这些雕刻图案,远看如画,近看为字。那些动物的身体特征都在汉字里找到了一个切入点,很契合地安排妥当。嘿!汉字被雕刻艺术改造得如此简约与形象,真是巧妙新奇!

少年摊开工具,照着书上所绘,大显身手……不觉已落日西沉,暮色轻笼;渐渐暗去,一缕月光轻笼窗台……

一个身影映上几案,那影子道:"太满,过密。"

少年着实吓了一跳,抬头一看,是师傅,他已不知站了多久。

"师傅,我刻得如何?太满了吗?"

"东方艺术讲究留白之美。凡过密过满,都给人局促压抑之感。"

"师傅,怎么理解呢?"

"无论汉字书法还是绘画,无论诗歌还是音乐,都以留白达到以无胜有之效,让人在想象中走进无限的意境。雕刻也是如此。在雕刻汉字的时候,绝不会把一幅作品刻得密不透风。雕刻艺术追求虚静,追求在空白之处给人豁然开朗与通透明达之感。"

师傅说完便转身离开。半夜,少年辗转反侧,若有所悟又不得要领。他索性起身入院,趁着月光仔细端详师傅的石刻。

瞧,那块如玉般光滑的石头上端,刻有一草书"禅"字,"田"的部分被虚化成圆形,留下中空的模样,末笔的长竖被雕刻得修长,且笔画慢慢虚化。在石块的下方,一个茶杯的轮廓似有若无地勾勒而出,其上端的袅袅线条,如轻烟缭绕。

难道这便是师傅所说的留白艺术?少年揣进怀里琢磨了一夜。第二天一早便请师傅指点。

"你看,这一黑一白、一虚一实、一近一远、一塞一空、一重一轻、一刚一柔、一坚实一缥渺,何其自由与空灵。不如此,便不能充分彰显'禅'字的哲学意境,正是'无笔墨处也有妙境'。"

"师傅,我如何能刻出这等意境?"

师傅淡淡一笑:"刻字前当以灵动、平衡的思维进行初步构思,到底是六比四构图,还是七比三构图,如何实现视线的延伸,如何实现比例的协调……这些都能在汉字身上获得启发。"

少年谨记师傅的话,每日愈发用功。一天天,一月月,一年年,老茧褪去,新茧迭出。不知何时,少年已成青年,技艺突飞猛进,模样也悄然发生改变,眉如剑锋,目如星月,举止间更添沉稳。

如今,无论他手中是一个字,还是一篇文,他总能将每一个字放在最适合的位置。哪怕是一幅草书,也能在各字之间排叠避状、顶戴穿插、向背相让、补空垂曳,最后终结于恰好。纵然灵动、飘逸,最终都归于中庸平衡。

一日,青年照例听师傅讲学。师傅问道:"你是悟性极高的学生,说说你收获到了些什么吧!"

"师傅,徒弟谨记您所说的灵动与平衡,我日夜参悟不敢怠慢。自觉技艺稍有精进,性情亦有所变化。"

"细细道来。"

"师傅,在您给我的书中,我看到《论语·雍也》中有'中庸之为德也,其至矣乎'一句。中庸,讲究待人接物的中正平和。这种中正平和,恰恰决定了汉字偏旁组合的工整和谐,而这也影响了雕刻艺术,使其追求和谐自然。我常年与汉字相交,自然也受其影响。汉字的结构透射出中国人的中庸思想。而雕刻,正是中国人性情与东方审美的精神折射。"

师傅微微笑道:"我已年老,眼花手抖,不适合再收徒弟,以后就由你替我教授后生吧!"

青年嘴角一颤:"师傅,徒儿还需跟您学习,如何能教授后生啊!"

"你教徒弟们做好三件事即可:读懂汉字的灵性,传授汉字雕刻的技艺,用汉字灵魂修养他们的心性。"

多年后,青年的徒弟们也渐渐参悟出道理,他们时常聚在一起,把自己的作品拿出来,切磋探讨。

"我认为,这块'海纳百川',还需要用刀更有力些,要刻得厚重遒劲,这样方能体现百川汇聚而下,海浪滔天之感。"

"不错,'惠风和畅'则需雕刻得再轻柔飘逸些,才能让人神清气爽,如沐惠风。"

"汉字的立体感、纵深感,在雕刻中最能体现,深深浅浅处,粗犷纤细处,把墨的饱满与枯涩、浓重与淡远彰显到极致。"

"是啊,曲则柔婉,直则挺拔,柔中有刚,刚柔相济,才能凸显出汉字的笔力。"

……

末了,师傅道:"欣赏汉字雕刻,其实就是追随雕刻者的心路历程,你在点线虚实之间,捕捉到的绝不仅仅是艺术,还有丰沛的情感和东方传统文化流进血液与精神的审美体验与生命价值。"

延伸思考

你能从所见的汉字雕刻中,找到留白艺术吗?

雕刻里的"福寿"吉祥

王二没有名字,没有家,没有父母,没有亲人。在王家大院里,他叫老管家"爹"。

十八年前,"爹"在河边听见婴儿啼哭,顺着声音,发现了襁褓中小脸冻得发红的他……没有子嗣的老管家,一番挣扎过后,把这个孩子抱回了大院。

在这春寒料峭的二月,他给孩子取了个名字:王二。

王二自小性格沉静,少言寡语,很少出门。老管家怕他寂寞,便刻些桌椅板凳、鸡狗猫兔等小玩意儿给他玩,又教他认得些字。王二渐渐对这些算不得艺术品的小东西产生了强烈的兴趣。稍大了些,他跟着老管家办事,眼见那大院里的门廊窗阁,雕梁画栋,竟沉浸其中挪不开步。

老管家渐渐老了,王二心疼爹,常常帮着里外打理。无数个早晨,他穿过错落有致的层楼叠院,走过巧妙连缀的窑洞瓦房,惊叹于两侧匠心独运的砖雕、木雕、石雕。

这天，他不知不觉行至敬业堂门口，一个圆形的照壁吸引了他的目光。他屏住呼吸，定睛细看：只见圆形的石雕上，一个圆形的"寿"字居于中央，外围五只蝙蝠张开翅膀向"寿"字攒聚飞翔。

他被眼前的汉字构图、精美刀工、流畅线条吸引了，但又纳闷起来："为什么雕蝙蝠呢？刻燕子不是更喜庆？"带着疑惑，王二赶忙回家询问。

老管家眯缝着眼睛慢条斯理地说道："'蝠'谐音'福'，民间将五福定义为福——幸福、禄——俸禄、寿——长寿、喜——喜事、财——财富。五'福'将中央的'寿'围绕起来，就成为'五福捧寿'，这可是五福临门、福寿双全的意思啊！"

王二恍然大悟："原来这不单是为了好看，还有美好的寓意。那为什么不直接写'福寿双全'四字？"

"那岂不太单调？汉字与图案结合起来，就有了中间庄重严谨、周围开阔舒展的感觉，儒雅大方中体现灵气韵味，生动变化中尽显秩序。"

"真妙啊！爹，您以前说乔家大院里有一幅《百寿图》，下次您带我去看看吧。"

不几日，老管家要到乔家大院办差事，顺便把王二带上了。

一进大门，王二就被眼前的景象惊呆了：好一座金光富丽的砖雕照壁！足足三米高的方正大照壁上精工雕刻有一百个"寿"字，个个字迹工稳、刚柔相济，却又姿态各异，无一雷同。

影壁两旁是一副对联,爹说过,那是清朝大臣左宗棠所赠,上联"损人欲以复天理",下联"蓄道德而能文章"。上面的横额"履和",履行和气,大概是主人经商的准则吧,王二不禁对主人产生了几分敬意。

王二连忙掏出纸笔,一边模仿着线条将"寿"字描画下来,一边默记于心。他再往里走,偌大的院落,该有多少无言的木石砖雕与字画照壁等着与他倾心一谈啊!

过甬道,穿院落,王二来到一面《省分箴》照壁前,只见上面刻着工整繁密的一幅隶书。

王二从小习字,最喜欢隶书的平和雅致。眼前这一幅砖雕深深打动了他,他为其刀工技法所折服。那蚕头燕尾、一波三折的字体,竟然能被刻刀表达得如此深浅均匀,粗细得宜,流畅超逸,风致翩翩。

"这哪里是硬刀刻出的,分明是饱含墨汁的笔才使得线条如此柔和圆润,娟秀清丽!"

"物秉乎性,人赋于命……"王二正默念着,揣摩着其间深意,莫不是说万物皆有盛衰,当遵从自然,心境平和吧。

"王二,我四处寻你不见,原来在这儿发呆!"

王二转身一看,忙叫道:"爹!我正在看石砖上雕刻的字呢,您瞧,这边框顶上也雕了蝙蝠!"

"上有蝙蝠,下有流云,你可知其意?两侧雕有内插三戟的喜瓶图案,你可懂其寓意?"

"记得您说过,万福流云,莫非是此所指?只是这瓶子、剑戟,孩儿不明其意。"

"'瓶'与'平'同音,'戟'与'级'同音,便有'平升三级'之意。"

"哦,那么戟下方的磬和鱼,大概就是'吉庆有余'了吧?"

"对,这四周所雕的八仙所执器物,也称'暗八仙',常与仙桃图案结合,寓意'八仙祝寿'。"

"都是吉祥的寓意呢!瞧,这些祥禽瑞兽都雕上去了:麒麟、仙鹤、鹿、凤凰……那两侧插屏底座的立柱上还各雕有两只狮子。咦,狮子为何不端坐守卫呢?"

"这四只狮子也称喜狮,表示'喜事临门''四时如意'。上下两只对戏绣球,正是取'狮子滚绣球,好的在后头'的吉祥寓意!王二,你今日可有收获?"

"爹,我发现,被雕刻到石砖木瓦上的字,寓意都颇为美好,除了'福''寿',还有'喜''财''禄'等吉语呢!"

"是啊,不单把吉语刻上去,还要把吉祥的图案配在旁边,相依相谐,更添深意。"

王二脑海里浮现出了一幕幕吉祥图雕:代表年年有余的鲶鱼,富贵吉庆的金鱼,谐音"万万顺"的弯腰弓背虾,寓意富甲天下的螃蟹,表达科举成功的鳌,寄意长寿安康的万年龟……

跟着爹走出大门,那深深浅浅的浮雕,方正圆融的字体,行云流水般的线条,寓意丰富的图画,也随着王二的记忆走出大门。汉字也好,图案也罢,在王二的脑海里不停再现,也不断重组,形成了一幅幅空间艺术作品。

或许,被雕刻唤醒的灵性,正从此处萌芽;或许,汉字雕刻艺术的延续与创新,即将在并不遥远的某个春天,绽放出一朵美丽的奇葩。

延伸思考

汉字雕刻中有许多吉祥的寓意,请查阅资料,试着举出一些例子。

屋檐瓦当上的汉字韵律

"屋檐洒雨滴,炊烟袅袅起……"一首《声声慢》从江南的雨巷,从雨巷中的某处窗棂,轻轻飘出。

入暮雨霁,老艺术家踱步小巷,青石板路光滑湿润,屋檐上偶尔滑落下瓦缝里渗出的雨水。

"这些瓦当应该有几百年了吧!也不知道家乡的那些烧制瓦当的人还在不在……"老艺术家在自言自语中陷入了沉思。

他想起孩童时代的往事,想起祖父以金取土,以水和泥,于烈火中烧结成瓦的场景;想起他们将瓦叠于橡木之上,以瓦当紧紧遮护檐头的黏合工艺;更想起瓦当上那些充满神奇色彩的图文故事。

祖辈们召集村里的能工巧匠,在瓦当上雕刻图案。他问:"爷爷,这些是鸟和老虎吗?"

"这是四方之神——朱雀、玄武、青龙、白虎。"

"刻四方之神有何用?"

"它们分别是代表东西南北四个方向的星宿之灵,相当于四方护卫神,护家族平安的!"

"那么这些变化多端、挺拔弯曲的是什么?"

"这是篆书,这是隶书……瓦当上的图案有动物纹,有文字纹,此外,还有云头纹、几何形纹、饕餮纹……你猜猜,先有动物纹,还是先有文字纹?"

"当然文字在先,就像我们要先学习字,再绘画啊!"

"最早人们只用素瓦当,起到遮挡作用就足够了;随着时代的进步,人们对审美的要求越来越高,秦时有了动物纹,汉代有了汉字纹……"

"每块瓦当都刻一个动物,或一个字吗?"

"那可不一定,少则一字,多则十二字,四字尤为常见。"

"十二个字? 一块小瓦当能刻那么多字吗?"

"是啊,西汉瓦当篆刻中,就有'维天降灵,延元万年,天下康宁'十二字,有王朝永固、江山永恒的祈祷寓意。"

"看来瓦当不光是为了抵挡风雨,还有观赏价值,刻这么多字,像是在刻印章了,技术真是了得!"

"那非得疏密有致,精雕细琢不可,其精致美观完全可以与印章媲美。古人是很有艺术天分和智慧的!"

"这么刻多耗时啊!"

"当然,大部分的瓦当都不需刻这么多字,四个字最常见,诸如'千秋万岁''长生无极''千秋未央''永奉无疆',全都是祈福的吉语。"

……

光阴荏苒,四季流转,祖辈们早已渐次离去,但那些在生命中遇见过的瓦片、石砾,却时不时地被偶然的一个雨天、他乡的一处屋檐,划开一段记忆。

第二章 | 汉字与艺术

就像这雨霁的傍晚，老艺术家伫立小巷，细数流年往事，任记忆翻飞。

他想起曾和好兄弟们奔跑过的上林苑，那时，阳光从刻有"上林"字样的瓦当屋檐洒下，他们仰起青春的脸庞，仿佛听见当年皇家车骑喧腾的热闹，仿佛看见校猎的气派与豪迈。他仔细看过，"上林"瓦当上平稳大气的字体，流畅自然的线条，文字旁的装饰线条简约雅致，如同某位书画家的印章。

他还想起，曾和那个颇有才华的可爱姑娘，穿梭于故宫中繁忙的人群，把那些宫殿瓦当的内容一一读过记下，比赛谁记得多记得牢。在那段青葱的岁月里，他们肩并肩，走过"蕲年宫当""宗正宫当"，路过"平乐宫阿""齐园宫当""京师仓当"。时光在指缝中静静地流淌，宫殿的繁华与绚丽让他忘了自己身在何处，也许自己就是一个王者，坐拥江山，佳人相伴。

他又想起，曾驻足的古镇里，那些私人的居宅及祠堂上，有太多与姓氏有关的瓦当，在日月更迭中静默无言。"李"字瓦当，"金"字瓦当，"殷氏家当"，那些不同名姓的人家，在遥远的时代，汲水煮粥、田间耕作……在那田间垄上，坟冢上的"巨杨冢当"，生命的消逝，世代的承继，仅一方小小的墓地，便说尽了世人的宿命。

"先生……"

老艺术家被一声呼唤惊醒。

"先生，您明早还有文化讲座，多注意休息，别走太多累着了！"

"小李，你可知这雨巷可见可触的文化是什么？"

"嗯，应该是青石板路，或者木雕石刻吧？"

"还有屋檐瓦当，小小的一片瓦当，上面的图案文字记录了岁月中摩肩接踵的繁华，也见证了每个时代的辉煌与沧桑。"

"先生，原来您是在观察瓦当呀。"

"不，我在听瓦当讲它的故事。随便在巷子里掀起一片瓦当，历史的气息就会扑面而来，它们会带你与先民进行精神的对话。"

"与先民对话？它们会说些什么？"

"它们会告诉你古人对富贵的追求——'富贵寿乐'，对长寿的期望——'长生无极',对快乐的渴盼——'长乐未央'……"

"看来,瓦当文字是对当时思想观念的最佳注脚呢!瓦当上都是刻有四个字的吉祥话吗?"

"不,按字数分,包括一字瓦当、二字瓦当、三字瓦当、四字瓦当和多字瓦当,最多达十二字,另外内容也不全是吉祥话。"

"还会刻什么呢?"

"还可以刻职官、仓储、宫殿、陵寝、关驿……比如'鼎湖延寿宫'就是。"

"宫殿的名称对吗?"小李一点就通,"我一直以为瓦当就是用来遮风挡雨的,加点线条图案是为了美观,原来还有这么丰富的文化内涵呢!"

"是啊,虽然不华丽晶莹,但古朴粗糙之中浓缩了历史文化、审美追求,还有每个时代的价值观……时候不早了,回吧!"

转身间,一束月光从古朴的瓦当倾斜而下,他们身后,一缕湿润的烟雾向遥远的天空袅袅升腾。

延伸思考

古建筑的瓦当上寄托着先民对美好生活的向往,如果能穿越回古代,你想在自己的瓦当上刻什么字?

汉字雕刻之奇幻造型

一个春风和煦的早晨,汉字们齐聚大礼堂化妆区,准备迎接一年一度最盛大的活动——造型设计颁奖庆典。

雕刻师们一切准备就绪,摩拳擦掌地只等开幕仪式号角吹响的那一刻。

主持人紧张地背着台词:"汉字,起源于图画,经历了一系列的形体变化,在丰姿绰约中渐渐形成简约、流畅、方正的字形。在绘画、雕刻等艺术中,艺术家们将智慧与灵性赋予汉字,通过形变、解构、叠加、重组等创新方式,使雕刻艺术彰显出独特的艺术魅力与审美效果……"

此时,"音""乐"两个汉字,正被顶着一头卷发的年轻雕刻师迅捷地刻画着,他们看着彼此的笔画都被夸张、变形,便忍不住互相调侃道:

"音,你嘴巴那么大,舌头都能看到,像打哈欠似的!"

"乐,你这么开心吗?头顶上一绺头发都飘起来了!"

"这叫个性,你懂不?那是乐谱,再说,快乐就要嗨得头发立起来嘛!"

"还不是人家雕刻设计师给你化了妆,吹了头发,要不然,你能这么有个性吗?"

"个性是一方面,关键是为了让咱们和观赏者达到情感上的共鸣!"

"也对,艺术家就是最擅长抓着咱们的特点张扬个性,引起观者共鸣,或从局部或从整体入手。反正他怎么想的,咱们就怎么变形,怎么打扮!"

"对对对,你看那边那群……"

顺着"乐"的视线,"音"把眼光投射到不远处的一群汉字身上。只见那些汉字,各有形状,或刚或柔,或端庄,或飘逸。

"音,你不是最懂人家的心音吗?你说说,那些汉字在设计上有什么巧妙处,设计师是怎么想的。"

"音"仔细端详了一阵,他发现设计师们为了表现汉字的硬朗与刚毅,会将汉字的边角进行几何形处理,线条式切割,使字的笔画尖锐,凸显出力量与激情,仿佛刀削斧凿过一般,让人一见便产生敬畏之意。

他还发现,为了突显线条的柔美与流畅,设计师们又会将笔画进行卷曲式变形,以增强字形的弹性与流动感,让人在曲曲折折的小径中,惬意享受自然的清新,产生浪漫与诗意的联想。

同样,为了展示字体的飘逸与潇洒,设计师们还会对字体笔画进行拖拽,增加刀剑的元素,或者进行毛笔墨迹处理,实现跳跃感,起伏感,流畅感,动态感……

"喂,音,你发什么呆啊,看出来什么没?"

"看出来了,他们个个充满魅力!"

"什么魅力?哪个最有魅力?"

"你看到那个'风'没?粗犷,张扬,真是霸气!"

"我也觉得,瞧那两腿都跑虚了,真像狂风掠过一样!"

"什么跑虚了,那叫飞白!告诉你吧,设计师把笔画的边角一气呵成,制造出书法飞白的效果,给人一阵飓风从空中呼啸而过的感觉,以迅雷不及掩耳之势刮出虚化线条,给人一种恍惚的速度感。"

"哇,没想到你的分析还真有点专业水准!""乐"一脸羡慕地看着"音"。

"你呢,你喜欢哪个造型?"

"乐"把大家挨个儿浏览了一遍,然后把眼光停留在那个体型浑圆的"家"字身上:"我喜欢那个圆圆润润的'家',感觉很亲切!"

"对,'家'笔画的边角全转换成了圆角,字体磨掉了棱角,退却了硬朗,取而代之以饱满、柔软、细腻,给人以可亲可近的观感,展现出汉字温润如玉的性格与内涵。"

"把汉字进行变形设计,还真增加了韵律、节奏之美,每个汉字都更有个性、更有魅力了!"

"要不怎么能让观众在视觉与想象中,不断去追索汉字的风姿与神韵呢?"

"准备好了吗?"导演一边巡视,一边询问各小组雕刻设计师,"比赛马上开始了!再清点一下自己的参赛成员……十二生肖都到齐了吗?"

循声望去,只见"羊"字顶上两点,已变作两只扶摇而上的角;"蛇"字的"虫"旁被压缩后,更多的空间留给了"它"字的最后一笔,一条修长的尾巴蜿蜒不绝……这种比例上的变形处理,使疏密、方向、大小等有着更为个性的表达,视觉重心也会随之整体改变。

他们看见这种变形夸张的设计颇多,"鲜"中最能突出特征的"鱼"尾巴和"羊"的头部做了夸大处理;"吃"字中最能表达内涵的"口"字进行了夸张;"心"则将整体形状设计成桃心形状,而三个点则弱化成简约的线条……

随着一段激烈的音乐奏响,比赛正式开始了!

被雕刻得充满了灵性的汉字们井然有序地鱼贯而出:稀疏松散的字形,显得随性、亲切、自然;严密紧凑的字形,显得严谨、硬朗、规矩;修长形字体显得高冷、柔美、清秀、纤细;而低矮、扁宽形字体,又显得敦厚、饱满充实,给人以信赖感……台下一阵又一阵掌声响起。

"音乐"搭档随着汉字队伍登台表演,他们那极富韵律的动感形象,引来台下一阵阵喝彩。有些观众也模仿着把嘴张得老大,把头一甩,让头发飞得老高。

"乐,你说咱们能赢不?大家都这么厉害。""音"心里还是没底。

"是啊,今天竞争非常激烈!不过,重在过程。咱们今天也没白来,算是饱了眼福,开了眼界!"

的确,今天让他们开眼界的可不只是汉字雕刻中的变形处理,还有多个汉字的重组造型。

他们看见,有的两字或多字的笔画互相重叠,有的文字与图形轮廓互相交融,产生了三度空间感、纵深感、虚实感。这样一来,便增加了汉字设计的内涵和意念,图形的巧妙组合与表现,使单调的形象丰富起来,具有耐人寻味的深意。

他们看见,"窗外"二字,"外"字中的"夕",与"窗"中的"夕"重合,使两字形成上下错落,左右交织,你中有我、我中有你的构图。这种将相邻字体的笔画相连,让人一见便顿觉浑然一体、兴味十足,不禁为设计者的巧妙构思与灵动组合而赞叹。

他们看见,"坚持"二字放在一起后,分别将"又""寸"进行笔画的强调,使新的字"对"一目了然,同时又丰富了"坚持"一词的内涵与深意。

他们还看见,"车"的繁体字的中间部分,与一个圆形的车轮交融在一体,车的内涵一目了然,颇有画面感与趣味性。这些文字和图形轮廓的交融设计,多是把字放进一个几何图形——或方形或矩形或星形——然后照着几何图形路线设计雕刻字体。

他们不住地鼓掌,惊叹,欢呼……

大赛将近尾声,一群陌生的选手登上舞台。

"这些字,我怎么从来没在字典家庭见过,看上去好复杂,叫啥名儿啊?"

"你说的是'𰻝'吧,是陕西民间一种面的名字,biangbiang 面!"

"小时候,我妈教过我一个顺口溜:一点飞上天,黄河两头弯,八字大张口,言字中间走,左一扭,右一扭,你一长,我一长,中间夹个马大王,心字底,月字旁,一个小勾挂麻糖,坐个车子回咸阳。说的就是它!"

"真有趣,这哪是字,完全就是一个故事!"

"这还真考雕刻师的技术,得有刀工,有想法,还得有文化。"

"你们俩还挺有研究的嘛!"坐在一旁的雕刻设计师忍不住说道,"文化需要载体来表达。所以有的设计师就把偏旁拆分后再重新组合,就如同将建筑整体肢解,然后重新组合,形成各种各样的空间造型。重组时,先将笔画拆分,再进行剪切、拼接、断裂、位移、手撕等重塑变形,能很好地突出汉字字形的艺术设计特性。"

"那么,怎么才能做到如此奇特又贴切呢?"

"当然得根据汉字的寓意进行设计啦!用艺术文化的眼光去分析字形与笔画的特点从而来确定字体的风格,如笔画进行连接合并时,需要巧妙地选择连接的位置和方式,形成新的笔画造型。着重于表现光影的改变,或表达对时间的印象时,文字可以表现得若隐若现,使字形既有连贯曲折的生动又有意连的迹象,这种富有感情色彩和文学特性的汉字会引发人们的关注,促使人们去思考、揣摩与探索。"

他们听得出神,一时忘了这是一场比赛,反而觉得这是一场文化艺术盛宴。冠军头衔花落谁家,早已不再重要,他们久久沉浸于汉字雕刻的创意之美中,这是新时代审美思潮与现代设计变革所带来的全新体验!

延伸思考

每个汉字都有自己的特点和个性,试着选两三个字,为它们写一段自我介绍。

汉字，画天地之美

入夜，溪流环绕着村庄。一位美丽的少妇，久不能寐，她披衣起床，透过窗牖，仰望夜空。月光流转，拂过山尖，滑过树梢，落在眉尖、指上。

"若能与郎共赏夜色，该有多好！"她心中默念，"天色渐凉，也不知他一去半年，身上衣衫可够？"推开门，月光温柔地洒满全身。等待是一场煎熬，满溢的相思无人诉说。

她取下发簪，在树干上画出山的线条、水的姿态、月的弯度、房的轮廓……最后她把自己也画了进去。她想：或许他明天就会回来。不知何时开始，不曾学字的她，懂得了用各种线条来描述她的所见，记不清等过多少回月圆月缺，数不清画过多少个山水日月。她想：待君归来，与君共数月圆几何。

秋去春来，他终于拖着一身疲惫返回故乡。当他看到屋前石礅上、屋外井口边、小院栅栏上，都刻满了简明而形象的线条，不禁热泪盈眶。这是一封长长的情书，风吹不去，雨打不落。这些线条，把山展现得峰峦起伏；把水描绘得满溢丰盈；把月标注得温柔婉转；把雨点画得淅淅沥沥……

也许,能将如此丰富的内涵表达得精彩纷呈的,莫过于由绘画演化而成的中国汉字。

他对她诉说着思念,也诉说着一路的行程,他告诉她异地他乡植物的姿态、动物的模样,他开始教她写字:

"你可知,风摇着草叶,草结着种子,那两束青草构成的"艹"(艸),像在摇曳着整个春天。山有木,木有枝。'木',优雅地伫立水边,身姿挺拔、枝条伸展、尽显丰茂。"

"植物丰茂,写出来却如此简洁。"她不由得惊叹。

他说:"庄子想成为泥中自由的龟(龜),背着厚壳,拖着长尾,享受着水的轻抚、泥的抚慰。"

他说:"开满野花的草原上,年轻的骑士骑着他心爱的枣红骏马(馬),奔向天边的落霞,夕阳绚丽的光影把飞扬的长鬃、翻飞的四蹄照得耀人眼。"

他还说:"秋日的江水,透明而澄澈,那些身段修长、尾羽丰盈的鱼(魚),与天光云影一起徘徊,它们尾翼轻逸,如同身上生出翅膀,翱翔于水云之间……"

"动物的生命,不但没有被字禁锢,反而越显出灵动与自由。"她眼中露出惊讶与欣喜。

多么神奇啊,汉字仿佛创造着另一个与人间同在的天地。

劳作后的闲暇时光,她总会去翻阅书房里的那些文字,她被深深地吸引了,她发现人的模样被汉字描绘得分外逼真。侧身而立的"人"(亻),手臂倾斜,大腿修长,若为女性必是亭亭玉立,若为男子定是挺拔俊逸。双臂打开,则为"大","大"人头上束发插簪即为"夫","大"人头顶天空即为"天"。"目"的眼眶里,仿佛转动着圆溜溜的眼珠;"手"仿佛伸出指尖,想抓取什么;"口"似乎正张开嘴,谈天说地;"耳"像一只小贝壳,收集着大自然动人的声音。这些汉字用白描的绘画艺术,仅寥寥几笔,便将形象勾勒而出。

不仅如此,即便是人的行为动作,也能被汉字表现得无比生动。透过这些汉字,她明白了"从"为何形影不离,明白了"教"是先生手执教鞭督促学习,明白了"学(學)"是双手合力兴学培养孩子……席地并"坐",

倚树而"休",手置于木上"采"摘树叶。

  多么有趣啊,因为初识了一些汉字,生活变得更有意义。清早起来准备早餐时,手持菜刀,在砧板上飞速切剁,她发现,由刀柄与刀身组合而成"刀"(𠚣),仿佛在碎菜堆中弹跳,不时地闪着光芒;当她蹲在灶边,生起火,一面往灶下添柴,一面摇动着蒲扇,那风让"火"苗摇曳,火舌舔着漆黑的锅底。屋里,红色的光芒将妇人的眼睛照得光芒四射;屋顶,一缕炊烟袅袅而起。

  傍晚归来的他,推开左右两扇关着的"门(門)",于屋中坐下。这时,她便将一个打磨光滑的酒壶端上桌,这尖头圆身的"壶"(壺)里盛着最美的醇酿,而酒壶边,一盘油酥青豆装满瓷皿,这扁形的"皿"(𠙴)显得稳重而沉着。

  日子静谧如水。过了几年,夫妇二人的孩子也到了识字的年纪。这位年轻的母亲带着儿子在院里温习那些自己刻下的故事。孩子对汉字产生了浓厚的兴趣,常常问父亲一些有趣的问题。

  "爹,胡须有很多根,为何'须'字写出来只有三根呢?"

  "你觉得爹有多少根胡子呢?"

  "一根,两根,三根……数不清啊!"

  "所以,寥寥三笔,将意思表达清楚即好,这样简约明朗,一目了然。"他指了指墙上的山水画,"就像绘画般,毛笔蘸上墨汁,只挥两三笔,山即出姿;只轻轻数点,树即丰茂。"

  "爹,马能飞吗?诗中说,众'马'高飞尽。"

  "孩子,你仔细看看,'马'(馬)与'鸟'(鳥)两字有何区别?"

  "看出来了,鸟有眼睛和羽毛,马也有眼睛和鬃毛,为什么不画上去?"

  "马个头大,眼睛和鬃毛便不突出;鸟个子小,就要突显其头部的尖嘴,以及占全身比例较大的眼睛。汉字可是最讲究主次鲜明、取舍有度的呢!"

  "汉字还真是个机灵鬼。嫌麻烦,'羊'就把身体舍了,只画个脑袋,其实,连脑袋也没画完整。"

"就像写意山水,画山,只勾勒出山的轮廓;画水,只勾出两道波纹,其余大片大片的空白,似浩渺烟波,似无边云雾。字与画在留白追求上都是相通的……"

儿子似乎明白了,汉字里有天地有宇宙,有生命有故事。说不定,汉字也有一双明眸善睐的眼睛,不然如何洞察天地;还有一双灵敏的耳朵,不然何以聆听自然之声;它们还有画家手中的笔,将一花一木进行描摹,将一事一物进行记录。

延伸思考

查一查象形字,观察它们的演变过程,你发现了哪些规律?

汉字的颜值与涵养

体型优美

"最爱说的话呀永远是中国话,字正腔圆落地有声说话最算话。最爱写的字儿是先生教的方块字,横平竖直堂堂正正做人也像它……"

一大早,广场上就响起了热情洋溢的音乐。这不,一年一度的选美比赛又要开始了,汉字们也早已从《新华字典》里鱼贯而出,聚在广场的一角互相"品头论足",谁也不愿服输。

"要说庄严肃穆,非我莫属。我模样方正,谁也比不上我的壮美!"一个浑厚的声音响起来,原来是说话最有气势的"国"来了。

"山"可不服气了,他推开人群挤了出来:"论壮美,我当之无愧!别看我扁扁平平,谁都没有我稳坐江山的笃定和厚重。"

"呈"朝"山"瞥了一眼,说:"光有厚重不足为奇,你看我,梯形模样,不仅基座稳,而且还有向上的力量感,既沉稳结实又身材高大,岂不更完美?"

"品"站在"呈"的身边,看了看对方,又看了看自己,缓缓地说道:

"你们看我,上小下大,三点之间构成平衡,平衡之中又透出生机。"

"令"踮着纤细的小脚走出来,轻柔地说道:"你们啊,都是力量美,可是真正的美,可不是靠蛮力,且看我,身如菱形,精致浪漫,这才最打动人心呢!"

"丹"姗姗来迟,只见她身材修长,丝带轻轻环在腰间,一阵风吹起她的裙摆,清秀与优雅之气袭面而来。

众人一看,不再争执了,都被这迷人的气质所吸引。大家你看我,我看你,渐渐发现,每个人都有其独特的美。他们又纷纷发现对方的美:"月"说"二"有平衡之美,"二"说"人"有挺拔之美,"人"说"田"非常敦厚,"田"说"显"颇为立体,"显"觉得"令"十分灵动,"令"说"月"大方雅致……

就这样,每个字都学会了欣赏,学会了和谐相处,学会了美美与共,他们一起牵手成词,联袂为句,带来了丰富的内容、无限的情意。

线条优美

汉字线条刚柔相济,横竖交错,弯斜错落,长短参差,疏密有致。

这天,父亲又如往常一般,将宣纸铺上几案,砚里倒上清水,左手挽袖,右手磨墨。一旁的小儿好奇地看着砚中墨汁变得越发浓郁,越发饱满。这时,父亲说:"吾儿可愿学字?"小儿笑道:"爹,我日日看您写字,已经看会了!"父亲又惊又喜:"哦?那你写个字给我看看!"

小儿学着父亲的样子,挽起衣袖,握住毛笔,蘸上墨汁,在宣纸上画了三条平行线:"爹,您看,这是'三人行,必有我师焉'中的'三'吧!"父亲笑逐颜开:"吾儿聪慧!哈哈哈!"接着,父亲一边手把手地教,一边说道:"'三'中的三条横线,都是左低右高,但是每一笔都有长有短,既协调整齐,又富于变化,一笔长,二笔短,三笔更长……"果然,在父亲的指点下,一个蕴含着俯仰之美的汉字"三"显得秀气可人了。

小儿看到汉字之线条构成如此微妙,他像着了迷般,连着几日,书写不辍。父亲见状,心生欢喜,随即又教了他另外一些简单的汉字。

他教小儿写三点水:"这三点,错落有致,仿佛海浪拍打礁石,溅起四射的浪花!"是啊,那由两点一提组合而成的形状,疏密相间,毫不拘泥,尽显自由奔放。

又说那"川"字:"同为竖线条,却在井然有序中体现出变化,既体现了水的丰富,又体现了水的自由,如果整齐划一那怎么能体现水的流动呢!"

一日,小儿看着父亲的胡须,问道:"爹,胡须怎么写?"父亲将"须"字写出,随即问道:"你知道这三撇在写法上的精妙之处吗?"小儿细细观察片刻,说:"上下长,中间短!"父亲又问:"胡须竖着长,那为何不写成'川'的模样?"小儿思忖良久,一阵风从面前吹过,他瞬间双目发亮:"爹,我知道了,因为风把胡须吹斜了!"父亲笑得合不拢嘴:"你小小年纪就懂得观察与思考,还能体悟到字中的飘逸之美,吾儿将来定有出息! 我这把胡须,是不是如一树柳枝般随风而起呀?"

搭配和谐

汉字有着很高的审美水平,他们在寻找搭档进行组合时,也非常注重肢体配合之美与着装打扮之美。他们几乎不会呆板地并列或重叠,而是非常注意身材的黄金比例,能突出主次与轻重,构成一种和谐自然之美。

"口"体型娇小,性格温和,她和谁都能说到一块儿去。这天,她碰到"禾",两人结伴同行,有说有笑,远远望去,这搭配而成的"和",左大右小,仿佛是一位手拎皮包、悠然逛街的女郎。"口"的朋友很多,一会儿组合成"如",一会儿搭档成"哺",站在谁的旁边,她都是一副精致小巧的模样。

"日"比"口"体型稍长,她也喜欢和比自己高的人一块同行,携手成"晴",成"明",成"晓","日"的方正,总给人一种安全感和依赖感,像极了一个刚刚精心梳洗打扮的姑娘,靠在石磴旁,眺望晴空,感受春晓的清新与生机。

"白"与"水"相搭为"泉",上窄下宽,好似春天从山上涌下的水流,又如姑娘们在春风中飘洒而下的长发。"木"站在"林"之上,也构成上窄下宽的形状,如同姑娘风中摆动着长裙,极富活力。"贺""皆"则相反,上宽下窄,如同武士们身着盔甲,一副英武俊朗的模样。"中"和"串",上下窄中间宽,如同小姑娘们穿着蓬蓬短裙,简洁利索,俏皮可爱。

汉字的和谐可不仅仅在于上下左右的配合与陪伴，还在于他们之间的用心呵护。你看，"庙""包"等字，仿佛撑起一只手臂遮风挡雨，又像揽入怀中轻轻拥抱。而"连""远"等字，则更像一位父亲，将孩子的小小身躯轻轻托举起来，装满了爱。再看那"同""网"等字，伸出双臂轻轻笼罩，给中心部分带来无微不至的关怀。又如"回""团"等字，有主有次，有强有弱，以四面的围聚，给予中央全方位保护。

谦让有度

汉字的点画有如谦谦君子，构字时互相避让，为笔画的嵌入舒展留出适当的空间，其优雅的仪态，彰显出融洽呼应之美。

双胞胎兄弟站在一起，总有一个会收起脚尖，让对方站得更稳当，"双""从"等字，就体现出这样相亲相爱的情谊。

"忄"为人处世一向小心，她待人谦和，与人相处时总会将右边的一点稍稍向上收敛，以便为右边的伙伴腾出更多的空间。你看那"情"字，满含深意，脉脉含情。而"惜"则充满了依依不舍的情意。

"土"为人质朴，恰如自己的名字，遇到了朋友，他总会将脚下所占的土地，多留一些给对方舒展肢体。"塔""域"等字，不就充分显出一种朴实无华的相处之道吗？

都说君子温润如玉，"玉"将迷人的光芒凛于内，而非形于外。他与君子那雍容自若的神采，豁达潇洒的风度何其相配。由"王"旁构成的字，大多与美好的事物相联，"瑜""珏""珮"，"王"旁将最末的笔画轻轻一提，尽显其内敛与谦让，与君子温和的个性、亲切从容的仪态何其相符。这不正是一种成熟的生命状态吗？

延伸思考

汉字造型折射出中国人的审美追求，你能从汉字中发现中国人的精神气质吗？请举例说明。

汉字谐音，好个欲说还休

见"梅"思"媒"，相遇爱情

那是发生在周朝的一段爱情故事。

仲春时节，召公统治的南方地区，黄圆的梅子挂满枝丫；风渐起，梅子纷纷坠落。一场由媒官安排的适龄青年的相亲大会即将在这里举行。姑娘们精心打扮了自己，她们在树下采摘梅子。小伙子们左顾右盼，等待着姑娘们将手中的梅子抛向自己。

这时，林中传来一阵婉转的歌声："摽有梅，其实七兮！求我庶士，迨其吉兮！"小伙子们纷纷循声望去，只见一位素衣姑娘姗姗而来。她会相中他们中的谁？大家拭目以待。

一个皮肤黝黑的小伙子发现姑娘美丽的眼睛闪出了光芒，然后将目光停在了自己身上。正在惊喜之时，一颗新熟的梅子从姑娘手中抛了过来。小伙子一把接住果实，脸上泛起了一道红晕。

"摽有梅，其实七兮！求我庶士，迨其吉兮！"他懂得她歌里的意思："梅子落地纷纷，树上还留七成。想要求娶我的儿郎，请不要耽误良辰……"眼前这个姑娘正是自己想要找寻的人。小伙子随即将所带礼物捧到姑娘面前,姑娘接过礼物,眉眼弯弯,笑意盈盈。

这是多么简单又大胆的爱情!前一刻,姑娘还感慨着青春易逝,时光不待:"树上的'梅'子坠满枝,地上的'媒'人何时出现?"后一刻,她便寻到了自己的如意郎君。

姑娘小伙子们每年都会在此自由相会,集体欢歌,以吸引异性注意,寻觅伴侣。见"梅"而盼"媒",在那"摽有梅"的诗歌里,姑娘对爱情的寻觅、催促与呼唤,是多么热烈而大胆。然而有了谐音的"梅",姑娘的热烈又被巧妙地进行了委婉蕴藉的收敛。于是,那份情的质朴与清新,扑面而来。

说"晴"道"情",心生涟漪

唐朝的一脉春江,从蜀东地区蜿蜒而过,江面如镜,杨柳青青。

春风拂过,一片新绿浸入水中。当地人每到此季节,便在江岸赛歌,人们边舞边唱,鼓声击节,短笛伴奏,好不热闹。

一位少女忽然听到江面上飘来了小伙子的歌声。唱歌的是邻家男孩,从小与自己一起长大,如今他已长成翩翩少年郎。他浓密的眉毛下一双乌黑深邃的眼眸,仿佛夜空中皎洁的弦月。村里人都说他与她青梅竹马,最为相配,她听了暗自欢喜;可邻村人又说,邻村那个姑娘家境好,与他相伴更为合宜。

一阵风来,一片乌云缓缓地在天际移动:云到之处,洒下一片细雨;云过之处,阳光又倾斜而下。她低眉暗忖:"他是在为我而歌,还是为别人而唱呢?他的心就像捉摸不定的天气,说是晴天,西边却下着雨;说是雨天,东边却又出着太阳……"

小伙子的歌声清脆,她听出来了,这是他们小时候常唱的那首歌。他的歌声如一块石头投入江水,在姑娘的心里激起一阵波澜。"东边日出西边雨,道是无晴却有晴。"说是"无晴"却有"晴",像是"无情"却"有情"……少女的心,荡起一圈又一圈涟漪。

无"风"无"雨",潇洒一生

宋代的湖北黄冈,春夏雨水丰沛,或许不经意间便与一场雨意外地相遇。

一位手持竹杖的落魄文人,于黄州东坡上,垦田种地,修屋造舍。

这年春夏之交,他与朋友出游,突然风雨大作。躲还是不躲?算了,既然风雨到来,无处可躲,那么便让这风雨为自己洗涤一身的污泥吧!

他一人在穿林打叶的暴雨中,踏一双草鞋,拄一根竹杖。风大雨急,他却感到自然带来的生命的力量。他来了兴致,一边慢慢前行,一边低声吟唱。衣衫尽湿,雨水把浑身浇了个透,在这春夏时节,一阵阵寒气侵袭而来。他想起了在朝为官的往事,想起了突如其来的劫难,想起了自己的劫后余生……突然,风停雨住了,一抹斜阳温柔地送来暖意,他的心被彻底地洗了一遍,随即,他发出掷地有声的感慨:"归去,也无风雨也无晴。"

"也无风雨也无晴",眼前自然的风雨无所畏,人生浮沉中突如其来的暴风骤雨亦无所惧。苏轼因"乌台诗案"被贬黄州,历经九死一生,侥幸存活。那些人生的大悲大痛,只两个汉字——"风雨"而已!无风无雨亦无晴,何尝不是宠辱不惊、胜败两忘、旷达潇洒、回归自然、天人合一、宁静超然的大彻大悟。

汉字谐音,诗韵丰盈

采莲女手捧莲子,心中所想却是意中人。"采莲南塘秋,莲花过人头。低头弄莲子,莲子清如水。""莲子"即为"怜子","清如水"即"情如水",这是多么美好而又纯洁的爱情。

"高山种芙蓉,复经黄檗坞。果得一莲时,流离婴辛苦。"见"芙蓉"则想"夫容",远方的丈夫此时可好?"思欢久,不爱独枝莲,只惜同心藕。""藕"即"偶",多希望与恋人成双成对,相依相伴啊!

春蚕昼夜吐丝,执着不倦,死时丝尽。"春蚕到死丝方尽,蜡炬成灰泪始干。"那么相思的人呢?何尝不是心系所爱,昼夜不休,若要"思"尽,怕也只能是生命消逝方才罢休吧!

潮湿的雨天,将要离别的朋友,用什么表达内心深深的留恋?"渭城朝雨浥轻尘,客舍青青柳色新"。或许那牵衣拂袖的"柳",最能表达挽"留"之意。

与友人相约,又怕对方失约。"井底点灯深烛伊,共郎长行莫围棋。""莫围棋"即"莫违期",一腔渴望融于谐音之间。

那些汉字里的谐音双关手法,另辟了一片深情与韵味,恰是一字如风,吹皱一汪春池!

延伸思考

尝试着写一首小诗,运用汉字的谐音,含蓄地表达某种情感或哲理。

汉字，成就诗歌韵律美

秋天的傍晚，空气中溢满了桂花馥郁的香气。"佳咏杯"诗词吟诵大会在广场如期举行。

一

伴随着轻快的音乐，主持人缓缓走上绚丽辉煌的舞台：

"尊敬的各位来宾，电视机前的观众朋友们，大家晚上好！"热烈的掌声响彻长空。

"中国古典诗词是古代圣贤的智慧结晶，"主持人笑容明媚，"她以无尽的思想光辉指引后人在历史长河中前进……下面我宣布，'佳咏杯'诗词吟诵大会正式开始！"

灯光暗下去，背景屏幕上呈现出一片夜色，背景音乐里发出"窸窸窣窣"的声音，轻轻柔柔的，如细雨飘洒下来……

"好雨——知——时节——"一个清脆如黄鹂歌唱般的声音将一片夜空打破，短短一句诗，不过五个字，却有声调的抑扬、节奏的急缓、气韵的交迭，真是绝妙！

"当春——乃——发生——"听到这里,大家更加欢快了,上扬的声调带动了大家的情绪。仿佛此时真有一场春雨降临一般。

此时舞台上的背景音乐渐渐消失,只留下一片寂静,忽而一阵轻雷,一场细密的雨从天而降……那些夜色中的草木、田垄,都闪出水波般的光芒。

"随风——潜——入夜"一组少年的声音响起,同是五个字,与前面的声调同中有异,起伏错落,颇为动人。

"润物——细——无声"一种由轻细到无声的渐变,让听众们陷入无限的沉思,许久以后,大家才仿佛魂归体内,发出经久不息的掌声。

"爸爸,为什么他们读诗就像唱歌?"一个小姑娘又惊喜又疑惑地问。

"因为汉字的声调有平有仄,巧妙组合起来,就能形成高低起伏、抑扬顿挫的音乐美感!"

"什么叫有平有仄?"

"简单而言,一、二声为平,三、四声为仄。就像你的名字,并不全是一个声调,这样听起来才具有韵律。"

"那要怎么组合,才能和谐?"

"你想想,好雨知时节,分别是几声?"

"三声,三声,一声,二声,二声!"伶俐的小姑娘脱口而出。

"对,那对应平仄,就是仄仄平平平。"

"当春乃发生,一声,一声,三声,一声,一声,那就是平平仄平平?"小姑娘非常得意。

"真聪明,那我们把两句一对照,仄仄平平平,平平仄平平,是不是就有同有异,灵动起来了?"

"随风潜入夜,是平平平仄仄;润物细无声,是仄仄仄平平。正好两相对! 那为什么一二句不是全部相对的呢?"

"这可是有讲究的,你想,要是全都反着来,岂不是死板了? 只有平衡交替,才使灵动中有变化,变化中有和谐……"

二

"牛郎、织女被银河相隔而不得相见……"主持人的声音把父女俩的眼光再次吸引到舞台上。幕布缓缓拉开,只见一位穿着襦裙的姑娘在舞台中央坐定,她伸出如葱根般修长的双手,轻轻拨动起琴弦。这时,观众们正襟危坐,个个都屏住了呼吸。

"迢迢——牵牛星,皎皎——河汉女。"一出口,那绵延之声便拉出了遥远的感觉,仿佛她就是织女,正隔着银河怅望对岸的牛郎,对相会无期而深深喟叹;"皎皎"二字,落得轻幽,让人顿觉织女之娇美可人,如皎洁的月光。

"纤纤擢素手,札札弄机杼……"素手"纤纤",声音纤细轻软,让人禁不住将目光落在一双正抚着琴弦的手上。弄杼之声"札札",萦绕耳畔,仿佛思念一直萦绕心间。

"河汉清且浅,相去复几许。盈盈一水间,脉脉不得语。"阻隔牛郎和织女的银河虽清浅,可他们内心的情是"盈盈"的。一水之隔的爱人相视而不得语,只把一汪深情含于绣口轻吐的"脉脉"二字。

"爸爸,里面有许多两两重复的字!"

"那叫叠音词,你听得很仔细,要是没有这些叠音字,你觉得会有什么不同?"

"那就会干巴巴的没情感了,对吗?就像你们叫我的小名,都是叠音字,很亲切!"

"你很会迁移知识,叠音词听起来更有节奏感、更有情感,当然有时是表达悲伤,有时是表达欢喜……"

"但是我觉得'皎皎'不是为了表达情感,是说织女的模样可爱!"

"对,叠字可以让画面美表现得更充分。你前两天背过王维的诗,'漠漠水田飞白鹭,阴阴夏木啭黄鹂','漠漠'显得广阔,'阴阴'更显浓密。"

"爸爸,您几乎什么诗都会背,我考考您能背多少包含叠词的诗如何?"

"好啊,我绝对稳操胜券!"

"写虫子叫声的诗,背一句?"

"'霜草苍苍虫切切',秋天虫叫,就像人在窃窃私语。"

"马的叫声呢?"

"'挥手自兹去,萧萧班马鸣',连马都懂得主人的离别之伤,叫得特别悲哀。"

"白鹭、黄莺、鸡,都是怎么叫的呢?"

"'关关'鸟鸣,'喈喈'鸡鸣,'恰恰'莺啼,'呦呦'鹿鸣,'泠泠'泉水激石之声……"

"爸爸,您真厉害!"

"不是我厉害,是汉字厉害,她给我们带来了这样的听觉盛宴!"

三

表演还在继续进行,台上的吟诵之声时而激昂,时而低沉,时而欢娱,时而缠绵,这些声音叩动着听众们的心弦,让大家在千年的古诗词中徜徉流连……

"爸爸,刚才我听《声声慢》时,感觉吟诵者的声音好悲伤!"

"看来你听懂词的意思了呢!"

"没有听懂,但是我感觉她的声音很悲伤,就像在哭泣一样。"

"对,诗歌的韵脚是闭口音的话,听起来就会比开口音细腻悲伤些。"

"什么叫闭口音、开口音?"

"开口音,就是以 a、o 为韵腹的音。闭口音,主要是以 i、u、ü 为韵腹的音。开口音的发音响亮,闭口音的发音低沉。如'寻寻觅觅,冷冷清清,凄凄惨惨戚戚。乍暖还寒时候,最难将息。三杯两盏淡酒,怎敌他,晚来风急'就多是闭口音。"

"哦,听起来声音也细细的!"

"对,细腻,悠长,低沉一些;反过来,刚刚那位伯伯吟诵的'三万里河东入海,五千仞岳上摩天','海''天',听起来就显得开阔明朗得多,更容易表现海天相接的广阔!"

"但是,后两句'遗民泪尽胡尘里,南望王师又一年'中有个'里'字,就不明朗了呀。"

"你很会发现问题呢！写到遗民的泪,你说是不是应该转为低沉忧愤呢?"

"嗯,也对,那最后一句呢?"

"最后一个字'年',又转为开口音,这样情绪就在前面低沉的基础上得到瞬间爆发,所以我们刚刚才能听到那高声的长呼,胸中的悲愤一泻千里!"

吟诵大会接近尾声,主持人总结道:"中国诗词,是一座巍巍丰碑,记录着中华文明的历史遗产;是一顶灿灿王冠,缀满了浓缩中国文学智慧的奇珍异宝……"

经久不息的掌声回荡在秋天的夜空,站在诗歌的土地上,那些带着自然与生命的声音正向你的耳朵奔赴而来。

延伸思考

选两首风格不同的诗歌,朗诵给家人或朋友听,注意平仄、押韵、开闭口音对情感的影响,并让听者说一说有何不同的感受。

第三章

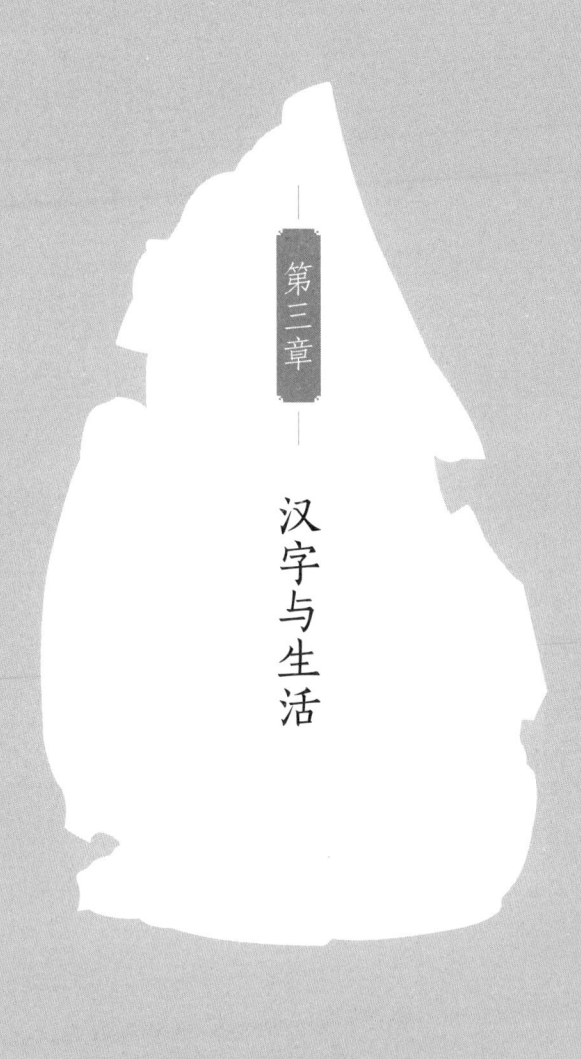

汉字与生活

汉字与地名文化
——以重庆地名为例

愉快的暑假生活开始了,家乐也开始了他的重庆之旅。

家乐的家在河南漯河,他自幼生活在一望无垠的华北平原。来重庆之前,读高中一年级的家乐在地理课上对重庆有过一些了解,知道这个有着"山水之城"称呼的城市与他的家乡无论是地理风貌还是饮食习惯都有着巨大的差别,这让他心生向往。特别是看过《从你的全世界路过》和《少年的你》这两部电影之后,长长的陡坡、窄窄的梯步、扎根峭壁的黄葛树……都给他留下了深刻的印象,所以他对这次旅行非常期待。

火车穿过辽阔无边的平原、高低起伏的丘陵、绵延不断的高山,十几个小时之后终于抵达了重庆。迎接家乐的是大伯的儿子家豪。家豪出生在北碚,正在西南大学历史文化与旅游专业读大三,这次家豪就是家乐的导游。为了让家乐对重庆有更多的了解,接站的哥哥家豪带着家乐乘坐轻轨回北碚。一路上家乐边欣赏窗外的风景,边与哥哥聊天,同时他还注意到了很多有趣的轻轨站名,例如:李家沱、罗家坝、黄泥塝、红旗河沟、小龙坎、大坪、歇台子、马家岩、谢家湾、天堂堡、鱼洞……在北碚的公交车上,家乐也发现了同样有趣的公交站名,例如:团山堡、月亮田、正码头、鱼塘湾、紫云台……

哥哥带着家乐吃遍了重庆的小吃——冰粉、凉糕、串串、小面、酸辣粉……带他到各个网红景点打卡,磁器口、洪崖洞、朝天门、李子坝、十八梯……

在玩耍的时候,家乐把一些有意思的地名都悄悄地记录了下来,他要向哥哥请教这些地名的来历。

"哥哥,重庆地名中的'堡''台''坎'都是什么意思呀?"

"家乐呀,这些地名都与重庆的地形密切相关,你觉得重庆的地形是怎样的?"

"重庆是山城,山特别多。"

"是啊,以北碚为例,无论是在嘉陵江边,还是在缙云山健身梯道上,环视四周,看到的都是连绵不断的群山。叫得出名字的有缙云山、中梁山、鸡公山、虎头山等,叫不出名字的就更多了。"

"哥哥,那就是说这些地名与山有关吗?"

"你真是太聪明了!'坎'就是低洼不平的地方,'台'就是高高的平台,'堡'是有坡度的地方。"

"我知道了,哥哥,咱们住的小区紫云台就是在高高的山上。那照这样说,九龙坡、十八梯、洪崖洞也都是根据地形命名的吗?"

"是的,特别是重庆的老城区,山多地不平,需要爬坡上坎,所以就有了这些地名。甚至有些区县,直接用山命名,例如:秀山、璧山、巫山。"

"哥哥,重庆既是山城,又是水城,有些地名也是跟水有关系的,对不对?"

"当然了!重庆曾经叫江州、渝州。'江'指的是长江,'渝'指的是嘉陵江。除了长江和嘉陵江,重庆还有几条大江大河以及数不清的小溪小流,如乌江、渠江、涪江、大宁江、巫溪、盘溪、虎溪、龙凤溪等。所以重庆的地名与水相关的很多。你想想,这几天你听过的地名,哪些是与水相关的?"哥哥说起重庆的江河,简直就是如数家珍。

"好像有大渡口、牛角沱、大磨滩、红旗河沟、谢家湾。"家乐想了想,说道。

"的确如此！大渡口就是长江边上一个较大的渡口,我们甚至可以想象那里曾经舟船往来的热闹景象。'沱'是江水曲折形成的回水区域。"

"哥哥,那牛角沱是不是还跟牛角有关?"

"家乐,你这个小脑袋真是太厉害了！牛角沱其实是一块像牛角一样的大石头深入到了江水,造成了附近水域的江水回折。"

"真是太形象、太有意思了！"家乐感叹道。

"家乐,你知道吗？其实北碚的命名也与水有关。"

"哥哥,你不是说过,碚是嘉陵江中的那块大石头——碚石吗?"

"是啊,在重庆方言中,'白'和'北'读音相近,北碚就是白碚,指的就是江中的那块像白色大鱼的石头。夏季河水上涨,石头没入江水之中,就像鱼的脊背显露在江面。所以在清代,北碚也叫白碚或是白背。"

"哥哥,你怎么懂得这么多?"家乐一脸崇拜地望着哥哥。

"弟弟,你可别忘了,哥哥我就是土生土长的北碚人,再说了这也与我现在学的专业相关呀！"

"哥哥,那还有哪些与水相关的地名呢?"

"就像你刚刚说的大磨滩、红旗河沟、谢家湾,这些地名里的'滩'、'沟'和'湾'本身就与水相关。其实就像有些地方是直接用山命名的一样。"

"我知道了,在重庆有些地方也是直接用河流命名的。"家乐受到启发,忍不住打断了哥哥。

"是啊！綦江、垫江、巫溪就是这样命名的。"

"原来是这样啊！哥哥当导游,我真是长知识了。"家乐忍不住又赞扬起哥哥来。

"家乐呀,哥哥现在要考考你,在古代汉语中,水指的是什么？阴、阳又指的是什么?"

"哥哥,这个你可难不倒我。语文课堂上讲过,古代汉语中的水就是河,而河专指黄河,江专指长江;山的南面水的北面是阳,山的北面水的南面是阴。"

"看来你的语文学得不错嘛!"看弟弟回答得这么流利,家豪由衷地夸奖起家乐来。

"那是当然,哥哥就是我学习的榜样!"家乐自豪地说。

"有了这些知识,那我就再给你说几个地名。彭水的'水'指的是乌江,'彭'是拟声词,就是澎湃的乌江水发出的类似击鼓的'彭彭'声;酉阳就是酉水的北面;合川是嘉陵江、渠江、涪江三江的交汇处,川就是河流的意思。"

"哥哥,你这么一说我就理解了。我发现重庆也有很多与桥相关的地名,北碚就有龙凤桥、天生桥,从根本上说这些大多与河流相关,因为有水就有桥,我说的对吧?"

"是啊!有水就有桥,重庆又被称为桥都,所以重庆的很多地名也与桥相关。"家豪补充道。

"哥哥,那沙坪坝、菜园坝的'坝',杨家坪、南坪的'坪'又是什么意思呢?"

"'坝'和'坪'在重庆的地名中也很常见,北碚就有夏坝、西山坪,这两个字看似与山水无关,实则与山水密不可分。它们都是平地的意思,但又有不同,坝是水边的平地,坪是山上的平地。"

"哥哥,那就是说夏坝在水边,西山坪在山上,是吗?"

"是的,夏坝就在嘉陵江边,西山坪也的确就是山上的平地。说起来夏坝名字的来由还与复旦大学相关。"

"与复旦大学相关?复旦大学不是在上海吗?"家乐一脸迷茫。

"夏坝的'夏'原来是上下的'下',抗战期间,复旦大学从上海迁到重庆菜园坝,后又迁到北碚下坝,复旦大学新闻系的陈望道教授建议将'下坝'更名为'夏坝',寓意华夏之坝、青春之坝,以表达复旦师生的爱国之情。"

"原来是这样的!这个寓意太好了!"

"由于平地难得,一块小小的平地都可以被重庆人称为'坝',例如:称场院为院坝、晒坝,称操场为操坝。"

"哥哥,这样我就理解广场舞为什么叫坝坝舞了。"

"真是个聪明的小伙子!小时候我还听你大伯讲过他的一次亲身

经历。很多年前,他乘火车从重庆回老家河南,火车行驶在一望无际的平原上,身边的一位重庆大妈忍不住感慨了一句'啊!好大的坝子!'"

"哥哥,这是因为在重庆人看来只要是平地,无论大小都可以称为坝子。"

"是啊!辽阔的华北平原在大妈的眼中也是坝子,只不过实在是太大了。"

"哈哈哈!"兄弟二人忍不住都笑了。

家乐关于重庆地名的疑问,都被哥哥家豪一一解答了。家乐打心底里佩服哥哥,不仅因为哥哥学习成绩优秀,更因为他对重庆的地名了如指掌。

杨裴城、水牛宋、梁岗、瓦店……一连串的地名闪现在家乐的脑海中,这些都是家乡的地名,这些地名命名的原因是什么呢?它们的背后都有什么故事呢?

延伸思考

1. 请你找出一些具有山水之城特色的重庆地名。
2. 请从你找出的重庆地名中选一两个,谈谈它们的命名缘由。

东坡取名

元丰六年(1083)九月三十日,黄州苏宅热闹非常,这一天是苏轼的第四个儿子干儿(小名)出生的第三天。按照风俗,婴儿出生后第三天,要"洗儿"——给婴儿洗身,并且要宴请亲朋好友。

一大早家里就洒扫庭院,准备菜肴,一切都在忙碌而有序地进行着。随着亲朋好友、街坊邻里陆陆续续的到来,家里更是热闹非凡,大家都高高兴兴地聊着天。有人说:"先生又得一子,真是喜事呀!"也有人说:"看来先生是要时来运转了。"还有人说:"先生家里又添一丁,真是人丁兴旺啊!"……

"洗儿"的吉时到了,大家齐聚到正堂之上,家里的女仆拿出了一个大大的银盆,银盆里盛满了煎好的香汤,女仆又往盆里放了各种果子、彩线等,再用数丈彩线将银盆缠绕起来,这就是"围盆"。随后孩子母亲款款而来,从头上取下金钗,用金钗轻轻搅动银盆中的香汤,这就是"搅盆"。之后在一旁观看的亲朋好友和街坊邻里们都往盆里撒钱,这就是"添盆"。此时盆中有些枣子竖立起来了,一旁的妇女争抢来吃,因为大家认为吃了能生儿子。

一切准备好之后,开始给婴儿洗澡了。一个年长的女仆抱着婴儿将其轻轻放在盆中,接着另一女仆开始给婴儿轻轻洗身,边洗边说着:"一洗无灾无难,二洗大吉大利,三洗聪明伶俐……"苏轼听着这些吉祥话,摸着胡须微微点头笑。婴儿洗浴完毕,接着就是落胎发,遍谢宾客。

面对亲友们的贺喜和祝福,苏轼一一还礼致谢。其中一人对苏轼说:"先生,恰逢这大喜事,该作一首诗才对呀!"话毕,就有不少人附和着:"是啊,是啊!先生满腹经纶,该赋诗一首才是啊!"

苏轼拈着胡须笑而不语,只见他凝眸沉思,缓缓踱步,接着便吟诵出一首《洗儿诗》:"人皆养子望聪明,我被聪明误一生。惟愿孩儿愚且鲁,无灾无难到公卿。"

在场的亲朋好友、街坊邻里不知该说什么才好,大家都希望孩子聪明,但他却希望孩子愚鲁,实在是难以理解。但考虑到苏轼的才华与智慧,大家也认为他自有道理。

宴会结束后,苏轼进内室看望朝云母子。朝云问他:"您准备给干儿取什么名字呢?"苏轼微微一笑说:"就叫遁儿吧,苏遁。""遁儿,遁儿,"朝云轻轻念了两遍,"这作何解释呢?"苏轼看着睡得香甜的孩子说:"我近来研读《易经》颇有心得,据《易经》卦辞,'遁'既有隐退、消遁之意,又大吉大利。"听完苏轼的解释,朝云笑着说:"这个名字取得好!您是既希望他远离纷争,知进知退;又希望他能大吉大利,逢凶化吉。"

夜深了,苏轼毫无睡意,他想起白天的《洗儿诗》,想起给孩子取名"遁儿",最后又想起了父亲,想起当年父亲给自己和弟弟分别取名为"轼"和"辙"的原因。

当年父亲苏洵为年幼的兄弟俩写下了《名二子说》,告诉二人名字的来由。"轼"是设在车厢前面供人凭倚的横木,处于显眼的位置,这刚好与苏轼锋芒毕露的性格相似,父亲的一句"轼乎,吾惧汝之不外饰也"表明了他的忧心,给他取名为"轼",是告诫他要懂得掩饰自己的才能。车马行走要沿着车辙,但车马的功劳和灾祸都与车辙无关,车辙能处在祸福之间,这与苏辙谨慎持重的性格相吻合,"辙乎,吾知免矣"是父亲对弟弟的赞许。

都说知子莫若父,当年父亲就看出了兄弟二人性格迥异,也表明了自己的担忧。苏轼回顾自己宦海浮沉,仕途坎坷,"乌台诗案"差点儿送命,最终被贬黄州,也绝非偶然,只是一想到父亲的良苦用心,一时间百感交集。与此同时,苏轼也想起了自己给孩子们取名的来由。

在遁儿之前,苏轼还有三个儿子,分别是长子迈、二子迨、三子过。迈出生之时,苏轼22岁,刚进士及第不久,名噪天下,给儿子取名为迈,语义激昂,希望他能勇往迈进。迨出生之时,身体不好,取名为迨,是"及得上"之意,希望他能如普通人一样,人生能安宁平顺。"过"字既有"渡、越"之意,又有"过失"之意,寓意三子既要安然度过一生,又要有君子的仁厚。

遁儿出生之时,苏轼已经历了人生的大起大落,心境也发生了很大的变化。在他看来,孩子聪明也好,愚笨也罢,都不重要,重要的是健康平安。

"人皆养子望聪明,我被聪明误一生。惟愿孩儿愚且鲁,无灾无难到公卿。"苏轼再次轻轻吟诵《洗儿诗》。

延伸思考

1. 古人除了称名,还可以称什么?这些称呼与名之间有没有联系?
2. 为自己或亲朋好友取一个字。

汉字里的农耕文化

一、采集

天色已经完全暗下来了,在炎帝的部落里,简单的晚饭过后,大家都各自忙碌着。

老祖母坐在火堆旁,一边观察火势的大小,一边给孩子们讲部落里流传下来的故事,孩子们围坐在她的身边认真倾听,时不时地提出几个问题。借着火光,女人们有的在用骨针缝制衣服,有的在照看小孩子;男人们或编织渔网,或打磨石器。

"我最近一直在想,怎样才能获得更多的食物。"炎帝的语气有点儿沉重。

大家遇到了生存的问题:食物越来越少,甚至很难填饱肚子。

"是啊!猎物也不容易打到。"

"河里的鱼似乎也越来越少了。"

"能采到的果子也不多了。"

……

大家的言语里充满了焦虑。

"孩子们总是说吃不饱。"这个苍老的声音是老祖母的,白天她负责照顾孩子们。

"总是到远处找也不是办法,"炎帝陷入沉思,"如果能让食物长在附近就好了!"

"去找种子回来种吧,这样大家就不用长途奔波,也能填饱肚子了!"长期采集的老者知道,有些植物的果实落在土地里,会慢慢发芽,长大,开花,结果,会年复一年地长。

大家纷纷响应:

"那以后屋门前就能伸手采果子吃了?"

"对呀,还能采叶、采茎来吃呢!"

"有些花也能吃,还很甜,也不用翻过山头去采了!"

一番畅想后,炎帝带上一行人,也带着整个部落的期望出发了……

翻山,越岭,涉水……他们发现了饱满的草籽,采来细细咀嚼,收集那些口感好且易饱腹的留下;他们采集树上的可口果子,剥出果核装进口袋;还有那些地上低矮的熟透的瓜果,吃完后将种子晾干——保存……

就这样,日复一日,年复一年,他们把远远近近的种子带回部落,而原始的农业就从一个"采"字,开始了孕育,萌芽……

伸一只手在树木上,用手指尖轻轻摘取果实、叶芽——这就是"⚘"(采)字的最初形态。可以说,采集孕育了原始农业,而汉字中的"采",也将远古人类的生活风貌展现得淋漓尽致。

二、焚林开荒

炎帝一行人历尽千辛万苦,带回来了很多种子。人们在高兴的同时,又开始思考新的问题:

"这些种子要怎么种呢?"

"种在什么地方呢?"

"什么时候种?什么时候能够采摘?"

……

"什么地方的植物长势最好?"炎帝没有正面回答大家的问题,而是反问大家。

"光照好、雨水足的地方,植物普遍长得比较好。"采集经验丰富的老者答道。

"是啊!"长期从事采集的人们都发现了这个规律。

"但是这些地方林木杂草丛生,要想办法除去才行。大家有什么好的办法吗?"炎帝满怀期待地望着大家。

"草可以用手拔。"

"树木只能用石斧砍。"

但是大家知道,力气也是有限的,石斧也不够锋利。

"我们可以用火烧。"一个年轻人说道。

"用火烧?"这是一个大胆的提议,大家先是震惊,但想一想,似乎这个办法是既省时又省力的。

"那我们就试试这个方法吧。"炎帝最终决定。

在炎帝的带领下,大家选择了一个晴好的秋日,清理好隔离带,用火把将一大片土地上的荒草点燃……过了好一阵儿,火势渐小,土地上铺满一层厚厚的草木灰。

春天,人们捣松土地,开始播撒种子,播撒希望。

这就是最古老的耕种方式——烧荒垦地。上面一个"林",下面一个"火",就是"焚"字,它的甲骨文字形是"",意思就是烧荒。

焚林垦荒不仅使人们得到了适合耕种的土地,而且还有很多方面的好处:草木灰就是肥料,为农作物提供养分;大火还可以烧死地下的虫卵,使农作物少受虫害。

三、农具

烈日当空,土地干涸,在田间劳作的人们汗流浃背。

"这土太难翻了。"

"草也太难拔了。"

"手都磨出泡来了。"

……

人们忍不住抱怨了起来,但谁都没有停下来。直到最后一片土地被翻完,最后一棵杂草被拔完,大家才收工回到部落。

用手拔草,就是"㕚",现在我们写作"刍"。

"要是有一种工具,可以帮助我们翻土、除草就好了。"炎帝把这个想法说了出来。

"是啊!用手拔太费力了!"

"用石斧木棒翻土也不是办法!"

……

这次的部落会议,引起了大家的思考:怎样才能制造出省时省力的农具?

"长矛能用来狩猎,但用来翻土行吗?"有人受到了狩猎工具长矛的启发,将一根弯曲的木棍削尖,试着用它翻土。

"如果用脚带动全身的力量,是不是更省力呢?"又有人试着在木棍弯曲的地方用草绳捆上一截横木,翻土的时候脚踩在上面,于是更省力了。

在无数次的试验之后,人们发明出了最初的翻土农具——"力",它就是"力"。

再后来,人们在"力"的基础上,进一步改进,将一端的尖改进成了叉,这就是"耒"(耒)。汉字"耙""耜""耧""耨"……都是与"耒"有关的翻土农具,"耕""耘""耪"是翻土的意思。

用什么来除草呢?这同样是需要解决的问题。

"蚌壳十分坚硬,边缘部分又很锋利,似乎很适合做农具。"有过捕鱼经历的人突发奇想。

于是他们将大蚌壳的边缘在石头上打磨,使其更加锋利,最终制成蚌刀、蚌镰等。

"如果将边缘部位打磨成齿状,会不会更好呢?"有人进一步尝试。

果然蚌壳做的农具很锋利,人们手拿蚌壳来除草就是"薅"(薅)。

正是因为人们发明并使用了工具,所以耕种、除草、收割,都要轻松高效许多。

传说是神农氏发明了农具,并教会了人们耕种。其实即便是最原始、最简单的农具,也是上古时期人们在劳动实践中集体智慧的结晶。

四、男女分工各不同

阳光明媚的周末,爸爸带着佳俊去看望爷爷奶奶。爷爷奶奶住在老家,佳俊和爸爸妈妈住在距离老家二十公里的县城。

在城市长大的佳俊,最喜欢春夏之交的农村。车子在新修的柏油马路上奔驰,佳俊透过车窗欣赏沿途的风景:蓝天白云下是一望无垠的麦田,微风吹过,麦田里荡起阵阵绿波,时不时还能看到绿波中劳作的农民。

一跨进院子,佳俊就看到正在择韭菜的奶奶。她身后的槐树一树雪白,空气中都是甜甜的味道。

"奶奶,奶奶!"佳俊一下子抱住了奶奶。

"这么快就到了呀!"奶奶笑得合不拢嘴,一边在围裙上擦手,一边笑着说。

"奶奶,今天中午是不是要吃饺子?"佳俊拉着奶奶的手问道。

"馋猫一个!这么大了还惦记着吃呢!"一旁的爸爸忍不住说,妈妈也望着他笑。

此时的佳俊已经是十五岁的大小伙了,比奶奶还要高。

"不管多大,都是奶奶的乖孙孙!"奶奶抬头宠溺地望着佳俊。

"就是,就是!奶奶说得对!"佳俊又搂了搂奶奶的肩膀,"爷爷呢?爷爷在哪里?"佳俊问道。

"爷爷说到地里去转一转,吃了早饭就去了。"奶奶边收拾韭菜边说。

妈妈帮着奶奶做午饭,妈妈麻利地剁肉,切韭菜,拌饺子馅,奶奶擀饺子皮,佳俊也帮着包饺子,但是比起妈妈和奶奶包的饺子,佳俊包的饺子又丑又皱。

"我怎么总是包不好?"佳俊沮丧地说。

"一个大小伙子,学这些干什么?"奶奶安慰他道。

"小伙子为啥不需要学这些?"佳俊问道。

"洗衣做饭这些家务活是女人做的嘛!"奶奶慢悠悠地说。

"奶奶,你这是老思想了,这些活儿,男人女人都要做的。"佳俊边包着饺子边反驳奶奶,"在家里,爸爸要做家务,妈妈也要出去上班,是不是,妈妈?"佳俊冲着妈妈笑笑。

"是啊!大家都上班,谁有空谁就做家务。"妈妈笑着说。

"佳俊啊!你们在说什么呢,这么热闹?"院子里传来了爷爷的声音。

"爷爷回来了!"佳俊出来迎接爷爷。

爷爷放下锄头,和佳俊一起进了屋。

"你们刚在说什么呢,这么高兴?"爷爷摸摸佳俊的头说。

"我们在说,家务活该男人做还是女人做?"佳俊边给爷爷倒水边说。

"这个简单!俗话说得好,'男主外,女主内',家务活该女人做。"爷爷喝了口水,说道。

"是呀!我也这么说!"奶奶附和道。

爸爸、妈妈和佳俊相视而笑。

"今天随着女性地位的提高,男女在工作和家务方面,责任是一样的。"爸爸说道。妈妈在一旁笑而不语。

"我前几天还看到报道,说一个退役的军人做家政,专门给人整理房间,月薪上万呢!"佳俊补充道。

爷爷奶奶听得瞠目结舌。"一个大男人专门去给人做家务?"爷爷道。

"难道真是咱们的思想没有跟上?"奶奶说。

"爷爷和奶奶的说法是以前的观念,农耕时代'男耕女织'就是这样的分工。爷爷主要负责地里的农活,奶奶主要负责家务,他们一直就是这样的分工。"妈妈道。

"佳俊,你马上就上高中了,能不能根据学过的知识,来印证一下农耕时代的分工特点?"爸爸向佳俊提出了要求。

"这个嘛!让我想想……"佳俊挠了挠头。

"可以从你学过的汉字来看,例如'男、女'……"爸爸进一步引导佳俊。

"这些还跟汉字有关?"爷爷奶奶一脸错愕。

佳俊知道,爷爷奶奶都没啥文化,但是他们却把爸爸和小姑全都培养成了大学生,这在当地成了美谈。

"'田,力'男,'力'是一种农具,'男'是个会意字,就是在田间劳动的人。但是'女'字,怎么解释呢?"佳俊问道。

"要理解一个字,可以从这个字的源头来看看。"妈妈在一边提示他。

"源头?那就要看看甲骨文了。"佳俊借用妈妈的智能手机,开始搜索"女"的甲骨文字形。

"你们快看,'女'的甲骨文字形是这样的。"佳俊拿给爷爷奶奶看。

奶奶是个老花眼,她放下正在包的饺子,眯缝着眼睛看。

"佳俊,你还是把字清楚地写出来比较好。"爸爸拿出纸和笔,佳俊写了一个大大的""字。

"这倒是像一个跪着的人。"爷爷仔细看了看说。

"爷爷真厉害,这个字的解释就是像一个双手放在胸前的跪坐着的女子。"佳俊接着说,"古人是坐在脚后跟上的。"

"佳俊,你还记得之前我们一起去博物馆参观甲骨文展,看到一个关于女将军的介绍吗?"妈妈问道。

"我当然知道,她是妇好,他还是商王武丁的妻子。"佳俊扬扬得意地脱口而出。

"那妇好的'妇'怎么写的,还有印象吗?"爸爸笑着问。

"我只记得像一个女子在打扫卫生,不过我可以查查这个字的甲骨文字形。"佳俊搜索后,在纸上写下一个""。

"这是啥意思?"爷爷奶奶一脸的不解。

"这个是'妇'的甲骨文写法,它分为两部分,右边是一个'女',"佳俊拿出之前写的""字,又给爷爷奶奶看了看,"左边是一个扫把,意思是女子拿着扫把打扫卫生。"

"老头子,这孩子懂得可真多!"奶奶边看边对爷爷说,爸爸妈妈微笑地看着祖孙三人。

"佳俊,你再查查母亲的'母'字以前怎么写。"爸爸说。

"'母'字和'女'字很像,"佳俊写出了一个大大的"母","是在'女'的胸前加了两点,突出了女性哺育孩子的特征。"

"佳俊,从这几个字的字形来看,男女是如何分工的呢?"爸爸问道。

"男人主要负责田间劳动,女人负责哺育孩子、操持家务。"佳俊回答道。

"呵呵!这还是我刚刚说的'男主外,女主内'。"爷爷忍不住说。

"但是,这是在很久以前。"爸爸、妈妈和佳俊一起笑着反驳爷爷。

"你们说得对!这些字距离今天几千年了。"爷爷笑着问道。

很快,奶奶和妈妈把煮好的饺子端上了桌,一家人围坐在一起,边吃着热腾腾的饺子,边愉快地聊天。

饭后,奶奶又要去洗碗,被爸爸和佳俊拦住了,今天的洗碗工作就由他们两个负责了。

延伸思考

1. 除了文中涉及的一些文字,你还知道哪些与古代农业相关的文字?

2. 古人重视农业生产,体现在哪些方面?

汉字与古代饮食

一、熟食最早是烧烤

阿风迷路了,此时的他又累又饿。

阿风是整个部落中跑得最快、胆子最大的小伙子,两天前他追逐着一头小鹿,跑到了林子深处。不幸的是,他遇到了恶劣天气,电闪雷鸣,树林也跟着燃烧起来,暴雨如注。

阿风拼尽全力奔跑,终于发现了一个又小又窄的山洞,便躲了进去。可是他实在太饿了,肚子里发出"咕咕"的响声,他忍不住又把头伸出山洞,喝了些雨水。

又过了一天,大雨终于停了,太阳出来了。

阿风摇摇晃晃地走出山洞,他太需要食物了,但是他既没有发现可以充饥的果子,也没有力气去打猎。

阿风拖着疲惫的身躯向前走。忽然,一股烧焦的味道飘进了他的鼻子,越往前走,这味道越浓。

"这是什么味道?"阿风发现,在浓浓的焦味儿里,还混合着一缕好闻的香气。

阿风突然有了力气,他加快了步伐仔细寻找。

他终于找到了香味的来源,仔细辨别后发现,这是一只兔子。

以前他们猎到兔子都是直接食用,而现在手中的兔子却是黑乎乎的。

"吃还是不吃?"阿风在挣扎着。

"吃了可能会死,不吃也可能会饿死。"饥饿难耐的阿风决定试试。

他抓起兔子就啃,可是苦得无法下咽,他连忙吐了出来。

"把外面焦黑的部分撕掉会怎么样呢?"

撕掉焦黑的外层,阿风先是闻到了浓浓的香味,他忍不住咽了下口水,马上撕下一块放进嘴里。

"太好了!"阿风觉得这是他从未尝过的美味。

阿风一口气就把能吃的部分都吃掉了,他不但没有死,反而觉得更有力气了。

后来他继续寻找,先后找到了一些同样烧焦的兔子、鸡、鸟……

"我要尽快把这个好消息告诉大家。"

两天后,阿风终于回到了部落。

他还带给了大家不一样的美食和一个天大的好消息。

这就是最早的烹饪方式——烧烤。

小到一只鸟,大到一只羊,都是早期人们常用的烧烤食材。如果是更大的牛、象,人们先将其分割成大大小小的块儿,再用来烧烤。

这些都被汉字记录了下来。"焦"字上面的"隹"表示鸟,下面四点表示火,是把鸟放在火上烤。"炙"就是把肉放在火上烧烤。

看到这些字,我们的脑海中也许会浮现出这样的画面,在原始部落里,忙碌了一天的人们围绕着熊熊燃烧的烈火载歌载舞,火上烤着的猎物,散发出诱人的香味。食物烤熟后,大家围坐在一起,边享用外焦里嫩的美食,边谈论白天捕猎时的惊险场景、采集时的意外收获,或许这便是一天中最美好、最放松的时刻。

"可不可以先把兔子用泥巴裹起来,再来烤呢?"

直接在火上烤很容易将食物烤焦,于是又有人发明了新的方法,这就是"炮"——把带毛的肉用泥巴包裹住放在火上烤。

"炮"熟的食物,不仅不易烤糊,而且香气不会外露。

"叫花鸡"就是这样做的,先将洗干净并腌制好的鸡用荷叶包裹好,然后再用泥巴包裹起来,接着放在火上烧烤。等到烤熟后,揭开泥巴和荷叶,香气扑鼻而来,肉质外焦内嫩,鲜美可口。还有一种小吃——红泥花生,是把带壳儿的花生在红稀泥里搅拌后烘烤而成,烤熟后花生壳上紧紧地裹着一层红泥。

再后来又有人发现,燃烧的木材熄灭后,火灰的温度也很高。

"火灰能烧熟东西吗?"于是有人将食材埋在火灰里,用火灰的温度烤熟食物,这就是"煨"。

寒冷的冬天,屋外大雪纷飞,屋内的火盆中燃烧着红红的炭火,火盆里煨着的红薯散发出香甜的味儿。煨熟的红薯拿在手上热乎乎的、香喷喷的,吹着热气尝上一口,真是软香甜糯。

从远古人们第一次品尝到被火烧过的食物,到烹饪方式丰富多样的今天,烧烤一直备受欢迎。只是今天无论是烧烤的工具,还是佐料和食材,都是古人无法想象的。

二、食物风干易保存

过了冬至,天气越来越冷。

每年的这个时候奶奶都要忙碌几天,忙着做香肠、腊肉。

香肠和腊肉是佳佳的最爱,奶奶将她对佳佳的爱融入了美食中。

"奶奶,我来帮你!"做完作业的佳佳懂事地说。

"好的,你来给我当小帮手。"奶奶微笑着对佳佳说。

佳佳看着奶奶将切好的肉用盐巴、白酒、辣椒和花椒等腌制起来,又将肉装在肠衣中。

"奶奶,为什么香肠腊肉不能早点儿做?"佳佳看着奶奶将装好的香肠用棉线一段一段地分开扎紧。

"早点儿做现在就能吃了,是吧?"奶奶一下子就明白了佳佳的心思。

"是啊!闻着这么香,我好想吃呀。"佳佳深深地吸了一口气。

"香肠、腊肉过了冬至做最好,气温低,空气干燥,不容易坏掉。"奶奶慢悠悠地说。

"奶奶,装好的香肠要过几天才能吃呀?"佳佳和奶奶一起用牙签在香肠上扎孔,她知道这是最后一道程序了。

"等香肠被风吹干了就能吃了。"奶奶说。

"为什么不在太阳下晒晒呢?这样干得更快。"佳佳又有了新的疑问。

"香肠和腊肉要放在阴凉干燥通风的地方自然风干。在阳光下暴晒会出油,大风直吹会太干,这样都会影响口感。"奶奶给出了专业性的回答。

"那我们就把香肠晾在阳台上吧!"佳佳说。

就在这个时候,爸爸回来了。

"佳佳真是太棒了!能够帮奶奶做香肠了。"爸爸向佳佳伸出大拇指。

"那是!"佳佳扬扬得意地说。

"那你说说,香肠、腊肉的制作最早是出于什么目的?"爸爸边和奶奶一起晾香肠,边问佳佳。

"因为好吃!"佳佳肯定地说。

"不对!我觉得是为了便于保存。"爸爸说。

"你们父女俩又开始辩论了。"奶奶看看爸爸,又看看佳佳,笑着说。

"奶奶最有经验,您说说前几天为什么要做风萝卜呀。"爸爸向奶奶提问了。

"因为萝卜太多吃不完呀!"奶奶随口就答。

"这就是为了便于保存。在古代,没有冰箱,吃不完的肉、瓜果蔬菜要怎么保存呢?"爸爸问佳佳。

"是风干吗?"佳佳还是不太肯定。

"当然,最简单易行的方法就是风干。"爸爸语气坚定地说。

"就是像奶奶做的香肠、腊肉一样吗?"佳佳问。

"有点儿不太一样,风干的肉古人叫'腊'(读作 xī),最初是不加任何佐料的。制作干肉常在腊月,所以后来也称干肉为腊肉。"爸爸说。

"前几天我看电视节目,里面说草原上风干牛羊肉时就不加任何佐料,直接将切成条状的牛羊肉自然风干。"奶奶补充道。

"对,风干的牛羊肉十分干燥坚硬,非常利于保存,可以吃上整整一年。"爸爸接着奶奶的话说。

"有道理。"奶奶边点头边说。

"你最近在读《论语》,里面的'束脩'是什么呢?"当教师的爸爸又有了新的问题。

"我想起来了,'脩'就是干肉。"佳佳恍然大悟。

"完全正确!除了'腊'和'脩','脯'也有干肉之意。"爸爸接着说。

"所以就有猪肉脯、牛肉脯。"佳佳以此类推。

"'脯'也可以是风干的瓜果。"爸爸补充道。

"那就是果脯。"佳佳脱口而出。

到此为止,佳佳明白了,无论是肉,还是瓜果蔬菜,自然风干最初都是为了方便保存,当然吃起来也别有一番风味。

三、早期的炊具

寒假期间,佳佳一家人去博物馆参观。

热爱美食的佳佳对博物馆里的炊具很感兴趣。

在这里佳佳发现了一个奇怪的现象,最早的炊具"鼎"和"鬲"都是有脚的。

"爸爸,为什么'鼎''鬲'都有脚呢?"佳佳问道。

"这是因为它们都是在灶台发明之前就已经存在了的。"爸爸回答道。

"它们可以直接放在地上,脚就是起支撑作用的,对吗?"佳佳又问道。

"是的,它们不需要配合灶台,在下面烧柴加热就行。"爸爸进一步补充。

"你再仔细观察一下,看看'鼎'和'鬲'的区别在哪里?"爸爸提出了新的问题。

"鼎有的特别大,有的又很小,鬲相对来说比较小;鼎的肚子有圆形的也有方形的,鬲的肚子大都是圆形的;鼎有三只脚的,也有四只脚的,鬲有三只脚。"佳佳边仔细观察边说。

佳佳每说出一点,妈妈都点头赞许。

鼎不仅是烹煮食物的炊具,也是宗庙祭祀的礼器。传说古代夏禹铸造九鼎,代表九州,后来鼎就成了国家政权的象征。"爸爸做了详细的解说。

"我知道了,'问鼎中原'就是夺取天下的意思。"佳佳道。

"没错!其实鼎与鬲还有一个区别,鼎的脚是实心的,而鬲的脚是空心的。它们的用途也不太一样。"爸爸说。

"我来猜猜,正因为鬲的脚是空心的,主要作用应该是烧水。"妈妈说道。

"为什么呢?"佳佳问妈妈。

"鬲的脚是空心的,烹煮食物的时候不方便搅拌,食物容易焦糊。"妈妈解释说。

"还是妈妈有生活经验!"佳佳对妈妈竖起了大拇指。

佳佳又看到了一个特别的炊具,它的下半部分与鬲一样,上面有一个敞开的像鸟喙一样的口,一侧有手柄。

"这个又是什么呢?"佳佳想。

"鬵,烹煮和倾倒流质食物的炊具。"佳佳读了读它旁边的解说。

"鬵应该是在鬲的基础上改进而成的。"妈妈在一旁说。

爸爸和佳佳觉得妈妈的猜测是有道理的,鬵分上下两部分,下面部分的确与鬲很相似。

"妈妈,快来看这个灶,这里是灶门口,上面有三个灶眼。"佳佳又有了新的发现。

"你还认得出这是土灶!"妈妈感到很意外。

"这和老家的土灶很相似呀,还有烟囱呢!"佳佳说。

"'灶'的繁体字是'竈',写法看起来有些复杂。"佳佳看了看介绍说。

"其实还有一个字与灶相关,写法更复杂,就是'爨'。"爸爸说。

"'爨'我好像学过呢。"佳佳想了想说。

"是啊,《项脊轩志》里有'迨诸父异爨'一句。"爸爸说。

"对!'爨'字结构很复杂。"佳佳说。

"其实这个'爨'字是非常形象的,你看它的小篆写法是这样的。"爸爸拿出手机,找到了"爨"的小篆字体"爨"。

"它的上面部分是双手拿着甑子,中间部分是灶门口,下面就是双手把柴(林)推进灶门口,灶内是燃烧的火。"爸爸对佳佳和妈妈说。

"这样看来,'爨'字就有了温度,有了烟火气。"妈妈说。

"我的脑海里好像浮现出了生火做饭的画面。"佳佳说。

"灶上放的是甑。"爸爸说。

"蒸饭的甑子吗?"妈妈说。

"这和我们今天的甑子很不一样呀!"佳佳又看了看说。

"对,甑是古代蒸煮食物的瓦器,所以它的右边是'瓦'字,今天的甑子大多是用木头做的。"爸爸进一步解释。

"我看到了,它的底部有孔,跟咱们家的蒸屉很像。"妈妈观察后说。

"那甑就类似于咱们用的蒸锅,古人真是太聪明了!"佳佳这下明白了。

"是啊!有了甑,古人的饮食就更加丰富了,馒头、米饭、菜都可以蒸了。"妈妈连连点头。

"灶上的那一个是锅吗?"佳佳指了指甑后面的炊具,"解说牌上说是'釜'。"

"对,'破釜沉舟'的'釜'不就是锅吗?"爸爸说,"'釜'没有脚,底是圆的,要配合灶使用。"

……

结束了一天的博物馆之旅,回到家里,佳佳翻开了《汉语大字典》。

她看到"鼎"的甲骨文字形是"🅗","鬲"的甲骨文字形是"🅗","爨"的小篆字形是"🅗","甑"的籀文字形是"🅗"……

看着这些文字,白天在博物馆里看到的炊具又浮现在了她的脑海中。

延伸思考

1. 你知道的炊具有哪些?
2. 你知道的烹饪方式有哪些?

龙的传人
——汉字与图腾

我是龙,是中华民族的图腾。

其实我并不是最早的图腾。远古时期,在中华大地上有着许许多多的氏族部落,每个部落都有自己的图腾。

有的部落崇拜太阳,太阳就是他们的图腾;有的部落认为狼很勇猛,狼就是他们的图腾;有的部落与羊关系密切,羊就成了他们的图腾……

总之在我成为图腾之前,日月星辰、飞鸟禽兽、山川河流,甚至大树怪石,都可能是某一个部落的图腾。

不同的部落,图腾不同,于是图腾就成了部落的标志。

那时候,人们常将图腾的形象画出来,或是刻在居住的洞穴里,或是刻在工具器皿上,甚至刻在身上。刻在身上的图腾形象就是最早的文身。

之所以将图腾形象刻在身上,是因为人们相信这样会得到图腾或者祖宗的庇佑,特别是在两个部落交战的时候,能够增加神力,躲避祸害。

几千年之后,古文字学家们认为,这一时期,人们将图腾形象刻画出来的图案,就是汉字中象形文字的起源。

我之所以成为中华民族的图腾,与部落兼并相关。

其实我最初的原型是蛇。

那时候大地上草木丰茂,蛇很常见,人们也常常受到蛇的攻击。蛇很神秘:它忽而来忽而去,不留痕迹;它天暖时出现,天冷时消失;它既能在陆地上生存,也能在水里游走……

正是这样,蛇就成了蛇部落的图腾。蛇部落的成员将蛇的形象画出来,上面是尖尖的头,下面是弯曲的身子。

蛇部落的力量日益壮大,通过战争,逐渐吞并了其他大大小小的部落,统一了天下。

天下统一之后,该用什么图腾呢?

大家经过激烈的讨论,终于达成了一致,那就是创造一个新的图腾。这个新的图腾要具有各个部落图腾的特点,于是它就具有蛇的身子、鱼的鳞、马的头、狮子的鼻子、鹿的角、牛的耳、鹰的爪……

这个新的图腾具有了各种动物的技能,既能在地上爬行奔跑,又能在水中游弋,还能在空中腾飞。

这个新的图腾就是我——龙,人们将我的形象画出来就是"龙",这个形象突出了我的嘴巴、角和尾巴。

细心的人们还发现,有时候天空中会有一个与我相似的身影,它的身子弯曲、忽明忽暗,它常常轰隆隆大吼,张开嘴巴吐出哗啦啦的雨水。它甚至会从天而降,于是地上树木燃烧,浓烟四起。

于是人们就模拟它轰隆隆的吼声,给我取名为龙。而我的形象也更加丰富了,我又有了行云布雨的能力,我就成了风和雨的主宰。

从此之后,就有了"龙的传人"的说法,而历代的皇帝也都称自己是"真龙天子"。

几千年之后的1987年,在河南濮阳出土了一个由蚌壳组成的我的图案,人们称它为"中华第一龙"。

这是目前我最早最完整的图案,其实我作为图腾远比它要早得多。

延伸思考

1. 你还知道哪些图腾？它们是什么？是哪个民族的？为什么会成为某个民族的图腾？

2. 这些图腾与汉字之间有什么联系？

姓氏里的文化密码

上官雨茹的公公婆婆早就给她肚子里的二娃想好了名字,如果生男孩就叫王靖翔,生女孩就叫王静汐。老两口取名字可是费了不少力气,查字典,算笔画,配五行……

但雨茹的父母打电话来,说希望孩子能跟着妈妈姓,以传承家族的姓氏。雨茹正为难时,丈夫王孟宇看出了她的心事。他体谅妻子,也理解岳父岳母的心情。于是他准备想个办法给父母做做思想工作。

这天周末,一家五口围在餐桌边,享受着丰盛的晚餐。

孟宇转向身边五岁的儿子:"宝贝,今天早上咱们看了历史绘本,你还记得中国最古老的姓氏是什么吗?"

"我知道!是轩辕黄帝的姓,他姓姬。"

"宝贝看绘本很认真,还记得很清楚呢!那你要不要来考考大家?"

"好啊!我想考考妈妈:炎帝和舜姓什么?"

"这可难不倒我,你的绘本我也读过,炎帝姓姜,舜帝姓姚。"

小家伙见难不倒妈妈,便扭头问爷爷奶奶:"中国最古老的姓氏有八个,你们知道剩下的五个吗?"

爷爷奶奶一头雾水,他们只知道百家姓里"王"的排名。

"我呀,只知道姓王好!三横代表天、地、人,那一竖代表贯通天地,反正天上地下啥都归'王'管……"爷爷一边说一边得意地笑。

"爷爷,你怎么答非所问呢!"

小家伙跳下椅子取来绘本,像小老师一样认真地指着几个字——"姒、嬴、姞、姚、妘",说道:"爷爷,您会不会念?"

"哎哟,这些字都不像姓,怎么都有'女'字旁啊?"

"爸爸说,这些都与女子有关呢。"

"为什么都跟女子有关呢?"奶奶的好奇心被激发了出来。

"奶奶,爸爸昨天给我买的这本绘本上说得可清楚啦,要不要我讲给您听?"

奶奶见小萌娃这么有兴致,立马配合着说:"小宝贝给奶奶讲,真是太开心了!快讲快讲,奶奶很想知道。"

小家伙一本正经地说:"传说,伏羲的妈妈踩到了雷神的大脚印就生了伏羲,炎帝神农氏的妈妈在山上看见了神龙的龙头就生下了他。"

"那,这跟姓有什么关系呢?"奶奶疑惑地问。

"当然有,因为没有人知道雷神和神龙姓什么呀,所以只有跟着妈妈的姓。"

"这都是传说吧,不可信!"爷爷说。

"传说是不可信,不过《说文解字》里解读过'姓'这个字,意思是由女子所生。"爸爸一边说一边起身从书架上取来《说文解字》,翻开后认真地念道:"人所生也。古之神圣母,感天而生子,故称天子。"

"嘿嘿,咱们家的小老师、大老师,都还挺有学问嘛!"

"从这几个古老的姓氏来看,远古时期,人们最早是跟随母亲的姓氏的。"爸爸补充道。

"传说中女娲用黄土造人,人类就代代繁衍,可见远古的先民们只知道自己的母亲,觉得生命只是由女人孕育的。"雨茹也加入了讨论。

"看来还是女人最伟大啊!"婆婆笑道。

"您说得对,这就反映了母系氏族时期的女性崇拜。还不止呢,

'后'字也能反应这一时期女性的地位。"爸爸说。

"是吗？怎么说？"雨茹指了指《说文解字》，示意让他给大家讲一下。

"我给你们读：'后，继体君也。象人之形。施令以告四方，故厂之。从一口。发号者，君后也。'"

"爸，是什么意思啊？"小家伙一脸认真。

"'后'就是发号施令的人。"爸爸说。

"宝贝，咱们来看看它的甲骨文写法。"说着，给大家展示了出来："𠂬"。小家伙睁大眼睛，半天也没看出个究竟。

"宝贝，你看它的上下两部分，你认识哪一半？"

"上面像个'女'字，下面……"

"下面倒着看看？像不像个头大身子小的娃娃？"

"嗯，挺像的呢！"

"'𠂬'这个字形，就是指妇女生孩子。你是不是知道'母后'的称呼？"妈妈说。

小家伙似懂非懂地点点头。

"'后'最早就是指在氏族部落中有生育功劳，并且拥有最高统治权的女性。"爸爸进行了总结。

"那妈妈和奶奶在咱们家谁拥有最高统治权？"小家伙天真的话语一下把全家逗乐了。

爸爸一时不知如何回答，爷爷出来打圆场："在爷爷面前，奶奶有最高权力；在你和爸爸面前，妈妈有最高权力。"大家一听又乐了。

小家伙依偎在妈妈身边："好，我绝对是妈妈的拥护者，妈妈可伟大了！"

"宝贝你是跟着爸爸姓的，等妈妈肚子里的小宝宝生下来跟着妈妈姓，你觉得怎么样？"爸爸问道。

"好呀，那我就有个上官弟弟或上官妹妹啦！"

爷爷迟疑了一下说："其实，外公外婆以前也说过希望二宝跟妈妈姓，当时我们觉得一家孩子两个姓显得生分。今天大家这么一讨论，我觉得女性自古以来就伟大。再说,现在新时代了,咱们也应该跟着时代更新观念嘛……"

　　一家人笑眯眯地望着雨茹。雨茹激动地搂了搂身边的儿子,说:"一会儿我就给外公外婆打电话,他们一定特别开心。"

延伸思考

　　请查阅资料,了解一下有关姓氏的小故事。

304寝室的卧谈会

晚上十点半寝室准时熄灯,304的四个姐妹都已经上床,今天的卧谈会马上就要开始了。

四个姑娘来自天南海北,今年9月,她们相聚西南大学文学院,住在橘园九舍304。她们分别是来自河南的王晓霞,来自湖南的何丽丽,来自江苏的戴华丽,来自云南的李玲玲。共同的爱好让她们都选择了文学,并且成了好朋友、好姐妹。

每天晚上熄灯后,她们都会开展卧谈会——躺在床上聊天。聊的内容五花八门,共同读过的书、吃过的小吃、旅游过的地方,甚至喜欢的明星……

这段时间她们谈论的内容多与《红楼梦》有关,《红楼梦》的作者、续本、金陵十二钗、宝黛的结局……今天她们聊到了赵姨娘。

"我觉得赵姨娘真是太愚蠢了,不能认清自己的身份。"王晓霞先引出话题。

"是啊!经常让亲生女儿探春难堪。"何丽丽表示认同。

"她说话办事极不自重,周围的人都瞧不起她。"戴华丽也发言了。

"其实赵姨娘也挺可怜的,自己的亲生女儿都称呼她为姨娘,与她保持距离。"心地善良的李玲玲说。

"没办法,她只是贾政的妾,其实与仆人差不多。"何丽丽补充道。

"这与女性地位低下有关,说是多妻,其实正妻只有一个,妾的地位都很低。"戴华丽说。

"我们来看看'妾'在《说文解字》中的意思吧!"李玲玲提议说。

她们在《说文解字》中查找"妾",很快有了结果:"妾,有罪女子,从辛从女。"

"我们再来看看它的甲骨文字形。"戴华丽说。

"妾"的甲骨文字形是"",金文的字形是""。

经过查阅,她们明白了,"妾"的本义是指戴着刑具的女人,其地位是很低的。

"'妾'后来就有了引申义,就是作为男子除妻子外另娶的或花钱买来的女人。"戴华丽思考了一会儿说。

"从词义的引申来看,应该是这样的。"王晓霞表示认同。

"所以妾相当于女婢,是没有地位的。"李玲玲说。

"赵姨娘虽然是探春的生母,但她只是贾政的妾,所以探春管她叫'姨娘'。"何丽丽又把话题转换到了《红楼梦》上。

"王夫人作为贾政的妻子,是贾府的女主人,地位是很高的。"李玲玲说。

"妻子的地位都很高吗?"王晓霞抛出了新的问题。

"在男尊女卑的封建时代,女子的地位都不高,只不过说妻子的地位比妾高。"戴华丽说。

"咱们也来看看'妻'的本义吧。"李玲玲说。

经过查阅,她们发现,"妻"的甲骨文字形是"",左边是一个女子,右边是一只手,整个字形像是有人用手抢女子。有一种解读,认为依据上古时的原始抢婚习俗,将其理解为:抢来的女子。

这个结果让她们感到太意外了,接着她们又查了"娶"字。

原来"娶"是一个形声兼会意的字,"取"既表音又表意。"取"的甲骨文字形是" ",是指用手割耳朵。因为古代战场衡量军功,常常用割取的敌人的左耳数量来计算。"娶"的甲骨文字形是" ",左边一个女子,右边一个"取"字。而且在古典文献中,"娶"常常写作"取"。她们没有想到的是,"妻"和"娶"都与暴力相关。

"你们发现没有,宝玉和宝钗成婚是在晚上。"何丽丽又把话题转移到了《红楼梦》上。

"是的,我也纳闷为什么会在晚上举行成婚大礼?"戴丽华也表示疑问。

"应该是为了不引起林黛玉的注意。"王晓霞说出了自己的想法。

"我觉得也许是有晚上成婚的习俗,贾雨村纳娇杏为妾的时候,也是晚上。"李玲玲说。

"我们还是查查看吧。"戴丽华提议。

经过查阅,她们明白了,"婚"字是形声字兼会意字,"昏"既表音又表义。在先秦文献里,常常把"婚"写作"昏",古代嫁娶多在黄昏,举行结婚仪式也多在黄昏,这些源自远古时期的抢婚习俗。

查出来的结果,让四个姑娘感觉很诧异。

"那就是说,很早以前,为了避免激烈的冲突,抢婚都是在黄昏时分。"

"抢婚时婚礼并不是热闹喜庆的,而是暴力的。"

"为了防止抢到的新娘跑掉,往往会蒙上她的眼睛,捆起她的手脚,这个过程中被抢的新娘哭天抢地、哀号不断。"

"今天,有些地方还有哭嫁的习俗。"

"没有想到,一个'婚'字,竟然有这么多的学问。"

姑娘们七嘴八舌地谈论着自己的感受。

"实在是太恐怖了,与抢婚习俗密切相关的还有杀首子、食首子习俗。"王晓霞激动地说。

"竟然还有这个习俗?"大家纷纷表示疑问。

王晓霞将搜索到的内容发到姐妹微信群里，大致内容是这样的：在抢婚习俗盛行的时代，因为妻子是抢来的，丈夫不能确定第一个孩子是不是自己的，为了确保血统的纯正，就会把第一个杀掉，甚至把他献祭给神灵，献祭后再把他吃掉。

《庄子·盗跖》中有尧杀首子的传说，《淮南子·主术》中有易牙烹其首子献齐桓公的记载，《后汉书·南蛮传》也记载了南蛮之地有"生首子解而食之"的风俗。

"真没有想到，在遥远的古代，婚姻竟然有如此暴力血腥的一面。"戴华丽说。

"还是现在好！男女平等，婚恋自由！"王晓霞说。

"是啊！还好我们都生活在了新时代！"何丽丽说。

"姐妹们，12点钟了，今天晚上的卧谈会就到此结束吧！"李玲玲提议。

"定闹钟！睡觉！明天还要上课呢！"其余三个姑娘纷纷响应。

延伸思考

1. 纳采、问名、纳吉、纳征、请期、亲迎，是中国古代的婚嫁六礼，查阅资料了解婚嫁的风俗与文化。

2. 婚嫁六礼中，有些习俗延续至今，比如合卺等，你能从汉字的角度，解释这些礼俗的意思吗？

头顶上的尊严
——汉字与装饰

在浩渺的宇宙之中,人类带着他的智慧诞生了,作为万物之灵长的他,啖肉饮血以求充饥,狩猎剥皮以求保暖。少年时期的他,开始欣赏美,用服饰来表达美。

有一天他发现,帽子除了可以抵御寒风,还可以掩盖头顶上的秃癞,让人看上去"高人一等",显示出一种庄重与威仪,于是他扬扬自得地发明了各种帽子,以此来区分不同的身份和地位。在他看来,头顶的一切都是那么重要,他的后人们以"头等大事""元首"等词,表示对他的认同。

所以头发当然也是头等重要的,在此认同上,他们发明了一种刑罚叫"髡首",受刑的人看着自己的头发丝丝缕缕地被剃掉,有愧于天地父母,有如被剥夺了为人的权利一般耻辱。"髡"的上半部"髟"描画了一个人长发飘飘的样子,而下面的"兀",那光滑的一横,将所有的头发都剃去了。估计发明此刑罚的人也自得于不见人血,而能施行惩戒的智慧。

只是他的后人里面有个叫接舆的,因为生逢乱世感到一种志不得伸的压抑和憋屈,于是他绝望地选择了给自己"髡首"。当时的人们因为接舆的这种离经叛道的行为而称他为"狂人"。为了扩大影响,他还来到了孔子的门前高歌一曲,劝孔子也放弃自己的政治理想。当孔子要上前和他聊上几句的时候,他已经一溜烟不见了。

后来关于头发的故事也越来越多……

春日,在开满桃花的村庄里,一个小孩儿蹦蹦跳跳地走来了,他垂在额头上的头发一颠一颠地颤动着,像是人们点头打招呼的动作,长辈们看得欢喜,如此活泼的年纪,才会有这样灵动的发型,人们商量着那就发明一个"髫"字吧,"召"有点头招呼人之意,"垂髫"——专门留给三四岁至七八岁的孩子,让人一看见就想到这个快乐活泼的年龄。后来晋朝的一位诗人在为自己构筑精神家园的时候也情不自禁地吟唱起"黄发垂髫,并怡然自乐"。

时光里,那些垂髫之年的孩子长大了,这时的她扎着两个丫髻和一群同龄的孩子一边放牛,一边嬉闹玩耍,村里八九岁至十三四岁的少年们都扎着两个丫髻,像个活泼欢腾的小兽。长者无比疼爱地称他们为"总角",两个发髻歪歪地束起在小脑袋的两侧,岂不就像两只小角?再后来她和她的一位童年玩伴相恋并走在了一起,只是没有父母之命、媒妁之言的她,很快又被那个看上去老实忠厚的人嫌弃,这场轰动了一时一地的爱情,被当时的一位识字的先生记录了下来,写进《诗经·氓》里,"总角之宴,言笑晏晏",回顾青梅竹马的欢笑,一切都是美好的。

时光飞逝,转眼间,一位少年就长大成人。二十岁的他,身长八尺,风姿俊朗。成人礼这天,他将头发高高束成一个发髻,然后用冠和簪固定。仪式上,一个德高望重的族人(或长辈)身着礼服,为他戴上冠——一种用来束发的带孔的管状物。在众人注目下,长辈首先用冠来将发髻套住,再用簪子穿过两个孔,将发髻和冠固定起来。枯瘦的手、娴熟的动作,显然这已不是他第一次给人加冠。末了,长者严肃地告诫少年,二十岁"冠而字",这意味着责任与担当的开始,此时头上的冠,就是一份尊严。村里的长者用文字将这一场景记录了下来。你看,这"冠"字,不就是用一只手("寸"),将帽子("冖")戴在人的头部("元")吗?

成年,以冠之名,让男子有了顶立天穹的伟岸。

第三章 | 汉字与生活　137

桃之夭夭,杏花微雨,女子的成年则带有一些青涩和浪漫。

她,芳华十五,清秀素丽,在三月初三女儿节这天,由家族中一位女性长辈将她的总角丫髻散去,在姊妹的协助下,将她的发丝束在头顶,并用一根叫作"筓"的发簪贯之,人们称之为及筓。这支质朴的发簪,束起了她的典雅端丽、蕙心纨质,也散去了她的不谙世事、幼稚娇憨。许嫁,及筓,取字,出嫁,生子……她默想着,母亲就是沿着这个轨迹走过了青葱岁月。

她出生在一个诗书世家,长期的翰墨熏染让她充满了诗书之气。这天,她在纸上用娟秀的小楷写下了"及筓"二字,旁边写下一"簪"字。然后仔细端详,仿佛里面藏着自己的影子。人在岁月的年轮中逐渐老去,文字也在历史的长河中更故变新。私塾的先生曾告诉她"筓"是"簪"的前身,小篆的"簪"字,像两个人,或窈窕优美,或玉树临风的样子,头上插了一根簪子。别小看这根簪,它从竹的材质到金属质地,见证了无数女孩的成长,也固定着士族男子的帽冠。

看到这个"簪"字,她似乎又站在了历史长河的端头眺望。无数画面从她眼前掠过,那日渐憔悴的杜子美,在山河零落之下,奔波辗转,眼见国家败亡家眷难觅,他痛苦地吟唱着"白头搔更短,浑欲不胜簪",搔首焦灼,徒劳长叹,本来就不浓密的白发也日渐稀疏,甚至不能簪上发簪。再顺着诗书的源流回溯,想起和兄长们一起读过的《孺子歌》,那是先秦时文人士大夫感慨的话语:"沧浪之水清兮,可以濯吾缨;沧浪之水浊兮,可以濯吾足。"那时小小的她不甚懂得,也曾追问兄长,何为"濯吾缨"? 何为"濯吾足"? 而兄长则会意味深长地感叹:"君子处世,遇治则仕,遇乱则隐。"

也许那些士大夫在不同时代如何自处的警语,并不能让一个小女孩豁然开朗,但是"簪缨"的形象留在了她的心里,那是一种礼仪、身份,一种高高在上的尊严。

从小生长在诗礼簪缨的大家族,这样的装束她并不陌生,当看到市井街边的小厮没有簪缨,也没有峨冠,她忍不住好奇,询问私塾先生。先生回答她:"'二十成人,士冠,庶人巾。'贵族男子成年戴冠,庶民男子则是以巾为冠把头覆盖起来的。"接着,先生拿出笔墨,写了一个"巾"字。"'巾'从'冂'",先生徐徐地说道,"这就像巾覆盖在头上,两端垂下的样子。这中间的一竖表示把巾系住。'巾'本来是外出时随身系在腰间的拭巾,最先并不是戴在头上的,因为它方便舒适,后来人们就选择了这样的方式。其实,这个'巾'也不只是戴在平民百姓的头上,那些士大夫们在居家宴请宾客的时候也会选择佩戴头巾,甚至有个时期佩戴头巾还成了文人、武士争相推崇的一种比较风雅的装束,只是颜色和款式有了变化。"这时她想起了前段时间读过的苏轼的《念奴娇·赤壁怀古》中,年轻有为、风流倜傥的周瑜,在苏轼的笔下熠熠生辉,"雄姿英发。羽扇纶巾,谈笑间,樯橹灰飞烟灭。"那羽扇纶巾就是一种儒将的打扮。先生曾讲过"纶巾常为当时的文官、谋士、雅士所用。纶是一种青丝绶带,诸葛亮也常常佩戴纶巾。还有一种说法认为'纶巾'为诸葛亮所创,所以'纶巾'又被称为诸葛巾。"历史上的英雄人物,书中人物的风采气度都让她着迷。

"不同颜色的头巾有不同的含义,汉末的农民起义队伍头戴黄色头巾,因为按照木、火、土、金、水五德循环,来推测王朝的更迭,推演出汉为火德,火生土,而土为黄色,所以众信徒都头扎黄巾,表示要推翻东汉王朝……"说起头巾,先生又开始滔滔不绝,"先秦时,老百姓戴的头巾往往是黑色的,这就是'黔首'的含义,西汉贾谊的《过秦论》中'于是废先王之道,焚百家之言,以愚黔首。''黔'就是黑,老百姓以黑布裹头,所以就有了这个称谓。汉代还有'苍头'的说法,也就是以青巾裹头,指的是地位低下的仆隶。古代妇女头上的头巾和饰物叫'巾帼',后来就以此来指代妇女。因'巾帼'是古代妇女比较高贵的头饰,所以'巾帼'是对古代妇女的尊称。相传诸葛亮与司马懿在渭水对峙时,曾给司马懿送去一套巾帼,讽刺他像个妇人般优柔寡断,不敢出兵。"

还记得,《陌上桑》里那个头裹白色头巾的少年见到了美貌的罗敷,借故整理头巾,停下来多看了几眼,"少年见罗敷,脱帽著帩头",在不经意间定格了罗敷的美。

不管是"冠"还是"巾",在长达两千余年的封建社会里,人们的头饰在不断地变化，它们有着各自不同的意义，其背后是森严的阶级等级，也表现了封建礼制统治下人们的集体文化认同。

延伸思考

除了文中涉及的文字，你还知道哪些与古代头饰有关的文字？请说说它们的字形特点。

生活，那一袭华袍

织章，在经纬里见出日月，见出天地。

追溯往古，一切的人类劳动都是感知自然、受馈于自然的方式。我们已经记不清是谁织就了第一匹布帛，他悄然地推动着人类服饰向前发展，使"衣"慢慢地有了生活的味道。

在那个单纯靠武力争夺地盘资源的年代，人类的野蛮不亚于任何猛兽的血腥残忍，文明就如同一件衣裳。慢慢地，人类发现需要用它来遮盖掩饰，所以随着文明程度的加强，这件"衣服"也就开始越来越讲究。

"岂曰无衣，与子同袍。"在将士出征前的那个夜晚，夜空里除了一轮孤高的明月，还回荡着悲凉慷慨的战歌。一个叫无言的年轻战士告别了家乡和亲人，来到战场。他不知道为什么打仗，也不知道日子会走向何方，只看到无数年轻的同乡在每天的厮杀中死去，他们在战营里互称兄弟。是啊，在没有亲人的战场，那些同一个战壕的人就是兄弟。毕竟，我们一同出生入死，这些人也许就是自己余生所能见到的最亲近的人了。

第三章｜汉字与生活

"岂曰无衣,与子同袍……"战营里又响起了慷慨的战歌,他们想起了家乡,想起离家前那一晚的月亮——一轮明亮的圆月。无言理了理衣裳,这是他打仗时在敌军战死的士兵身上取下来的。在打了胜仗的时候,敌方的所有物品都是作为战利品要登记的,他们选了一个着装稍有不同的人来做这件事,他叫木秀,他上衣的衣领是青色的,他在登记战利品的时候,把衣服的样子简单地画了出来。

他告诉无言,他画的是上衣的形状,上面是衣领,是一个很别致的设计,如同衣服的一个出口,那里托着人最核心的部位——头颈,也轻掩着人最复杂的器官——心脏。牵住衣的两边,在胸前轻轻地一折叠,便完成了布帛在人身上最美好的使命。那折叠的部分我们称它为衣襟,它是上衣不可缺少的一部分,所以用"衤"为它做一个标记。在恭敬严肃的时候,我们会整理它(正襟危坐),在低头垂泪的时候,会不经意沾湿它(泣下沾襟)。它与心的距离最近,所以"襟怀""胸襟"里也有了它的精神气魄。

无言疑惑地问他:"为什么你的衣领是青色的?"

木秀回答:"它若有了颜色,便是一个读书人最明媚、清秀的样子。"于是便吟唱起"青青子衿,悠悠我心"的诗句。

无言很喜欢和木秀一起聊天,木秀总有那么多美好的诗句和自己从来也没有听过的知识。

后来在一次惨烈的战斗中,无言带着他的战友们殊死抵抗,但是还是没能改变最后的结局。无言再也没能站起来,他看见鲜血不停地流淌,眼前的一切都是血红的,他知道此时他身上所有的一切都将被敌人掠夺一空,他将毫无牵绊地走向人生的终点……难道真的是毫无牵绊吗?他想起母亲,想起那个频繁被战乱和饥饿侵扰的村庄,之后,他的灵魂轻盈地飘飞起来……

来生,无言做了一个渔夫,在汨罗江边唱着渔歌,看着过往形形色色的人,寒来暑往,秋收冬藏,生活已经把他打磨成了一个沧桑的老者。他觉得他很快乐,因为他知足,日出而作日落而息,就是他数十年不变的节奏。有一天,他遇到一个衣着古怪的人,那人戴着高高的帽子,穿着飘逸的长裙,一会儿哭泣,一会儿唱歌。渔夫无言凑了过去,他惊异地发现,那人的长裙竟然是用荷花做的。无言忍不住发问:"先生装扮为何如此奇特?"那人只吟唱一句:"制芰荷以为衣兮,集芙蓉以为裳。"渔夫还是不解,追问道:"你在说什么衣啊裳的?"那人答道:"上装为'衣',下装为'裳','裳'从'尚'从'衣','尚'意为展开。'尚'与'衣'联合起来表示'展开的(下)衣'。"于是他用树枝在地上写下一个"裳"。"'裳'的字形就像一袭精美的华裙,它的裙裾飞扬,如舞者翩然的身姿。我用芙蓉来做我的下裙,让它在风中飘逸,我用这种美好的装扮来表达我高雅脱俗的追求。"于是他吟唱着令人似懂非懂的诗,翩然远去了。过了很久,渔夫无言才听说,这就是楚国曾经的三闾大夫,现在被流放在此,因为才不得用,志不能伸,朝政被群小把持而苦闷。没过多久,他听到了屈子投江的消息……

夜里,渔夫无言失眠了:楚国三闾大夫,国之重臣却是如此惨淡的结局,那些昏暗的夜里兴风作浪的群小可曾知道,覆巢之下安有完卵?

几世轮回,无言来到了汉朝,这一次她成了一个婢女。

她陪着小姐兰芝十三学织素,十四学裁衣,十五弹箜篌,十六诵诗书……在兰芝十七岁出嫁的时候,婢女无言陪嫁了过去。她记得那天兰芝美极了,她穿着绣腰襦,精美的刺绣映衬着青春的容颜,天空也为之明艳。可是没过多久,兰芝的婆婆就对她万般刁难。"鸡鸣入机织,夜夜不得息。三日断五匹,大人故嫌迟。"兰芝不堪驱使,于是决然离去,离开的时候兰芝装扮华丽:"足下蹑丝履,头上玳瑁光。腰若流纨素,耳著明月珰。指如削葱根,口如含朱丹。纤纤作细步,精妙世无双。"婢女无言想:她还是曾经那个兰芝,那个高傲又有才情,美丽又落落大方的兰芝。她穿的那件绣腰襦,仍然"葳蕤自生光",正如她初来焦家时的模样。那件集合了她俩精湛绣工的短上衣,曾承载了兰芝对美好生活的向往。

当锦衣华食中落入了砂砾,那粗糙的质地里藏着的却是生活的真实。

"褐"就是这样一种真实。

陪兰芝回到娘家的婢女无言,想起了自己做婢女之前的生活,那里尽是"衣褐者"。

有别于丝绸的光泽,它用粗毛与粗麻的钝感为自己的身份作注:褐,曰粗衣,贫者所服。农耕社会,社会的底层是无数的衣褐者,是他们构筑了生活最质朴的模样。婢女无言的父亲就是如此。

"敝庐交悲风,荒草没前庭。披褐守长夜,晨鸡不肯鸣。"敝庐、荒草、短褐,是寒门子弟的起点,他们的梦想便是步步进阶,直到殿试后进士及第那一天,新科进士们到太学行释褐礼,脱去短褐,改换官服。从此,布衣粗褐的生活便与他们无关。至此,他们也终于可以畅快地舒一口气。然而并不是所有的寒士都能如此幸运,他们有的才华横溢却继续保留着褐衣,饱尝着生活的艰辛,这就是"被褐怀玉"。

无言已记不清自己还穿行了多少个朝代,也不记得自己曾经成为多少豪门贵族的座上宾、席上客。只是他依稀记得,《琵琶行》里那位曾经名震一时的琵琶女,用铮铮然的京都之音惊艳了浔阳江头的夜晚。"沉吟放拨插弦中,整顿衣裳起敛容。"一曲弹罢,收拾好心情的同时,她整理着自己的衣裙。

同样是江边,同样是一个清朗的秋日,一位女子轻轻地提起丝裙,登上兰舟。"红藕香残玉簟秋。轻解罗裳,独上兰舟。"此时,即便心中有淡淡的闲愁,也被这美景给化开了。

最令他遐想的当属"霓裳羽衣"。它应该有天空最美的颜色和鸟儿最初的梦想。它是飞旋的、腾空的,是飘逸的、翩然的。它在月宫之中,也在瑶台之上,是帝王心中的名花倾国,是诗人笔下的红艳凝香。后来,它是所有女子美丽的装束。

最后无言喃喃道:也许,这袭华袍背后有多少璀璨,就有多少辛酸。

延伸思考

除了文中涉及的文字,你还知道哪些与古代服饰有关的文字?请说说它们的字形特点。

鞋的自述

我叫"屦",是早期的鞋子,上古时代人们用赤脚感知大地的温度,丈量山水崖壁,大约到夏朝,伴随着我的出现,人们的脚步变得温暖而轻盈了。

我由兽皮、草、麻制作而成。"屦,拘也,所以拘足也"(《释名·释衣服》)讲述了我的作用,我可以裹住脚,具有保暖、防擦伤的用途。当然,我在不同的季节制作材料也不同。闷热的夏天,我的制作材料是葛。葛是一种草本植物,如麻一般,可用来编织,所以到了夏天我还有一个名字,叫"葛屦"。夏天的我可以让人们享受到凉爽舒适。而到了寒风凛冽的冬天,我则由兽皮来制作,这样便可以抵御严寒,所以到了冬天我又叫"皮屦"。但不是所有人到了冬天的时候都能穿得上"皮屦"。"纠纠葛屦,可以履霜?"这是一位缝衣女奴的哀叹,那薄薄的一层葛怎能抵御霜寒?可见"皮屦"不是下层人民所能享用的。后来人们用"葛屦履霜"来形容极端节俭吝啬的行为。

后来,我有了接班人,他叫作"履",而我则走进了方言里,专门记录鞋子的起始和演变。到后来,人们慢慢地将我忘掉,他们更加熟悉"履",不过在一些典籍中,还能找到我的影子。《说文解字·履部》里是这样介绍我的:"屦,履也。从履省,娄声。"可见,作为鞋子的称谓,"履"更为大家所熟知。

"履"的年龄和我差不多,只是最早时他的含义不是鞋,而是"践踏"这个动作。《诗经》里的"纠纠葛屦,可以履霜",便可以见到他的形象,他以前是这个样子的:"履"。最上面是一个人的形象,从彳,表示与行走有关,成语"如履薄冰""履险如夷"中便是他本来的含义。后来他有了名词的含义,比如成语"削足适履"里便是用"履"这双鞋子启示世人,做事不能生搬硬套。

再后来,由于社会的进步,我家族中的人越来越多,其中一位有较大影响力的便是"屐"。他是这个样子的:"屐",和"履"有点像,都是从尸,从彳,与人的行走有关,只是他是和雨天相伴而生的,他的材质主要是木头。"屐,楄也,为雨足楄以践泥也。"雨天,人们穿着用兽皮或者葛草做的鞋子难以行走的时候,就发明了一种带有木齿的鞋,于是"木屐"出现了。他的鞋底是木质的,鞋底下还有两道木齿,鞋底高,踩在地面的积水里不会湿脚,两道齿可以防滑。而关于他的诞生,还有一个令人悲伤的故事。据记载:介子推抱树烧死,晋文公伐以制屐也。春秋五霸之一的晋文公为感激帮助自己度过危难的介子推,想授予他官爵,给予他富贵,但是介子推不愿接受,他躲进了深山。那把烧山的大火没有撼动介子推的归隐之心,而是将他与山林变为了灰烬。懊悔不已的晋文公命人砍掉介子推旁边烧剩的残木,做成木屐,以纪念介子推。木屐的"嗒嗒"之声伴随着重耳"悲乎,足下"的一声叹息,伴随着寒食禁烟的习俗,传遍了大江南北。

到了南朝时,木屐迎来了他的一次蜕变。那是人类智慧在游山玩水中的一次迸发。南朝山水诗人谢灵运,为方便游山发明了"谢公屐"。他将木屐的两个齿做成了可拆卸的活齿。登山的时候卸下前面的齿,下山的时候拆掉后面的齿,以保持重心的平衡。不得不感叹诗人的创造力与自然山水的邂逅,除了留下精美的诗句,还能激发如此精巧的创意。连盛唐的李白也无比神往地写道:"脚著谢公屐,身登青云梯,半壁见海日,空中闻天鸡。"

到了唐朝,木屐迎来了他的盛年,他成了人们着装的普遍选择,成了时尚的潮流。李白的《越女词》中有这样的诗句:"屐上足如霜,不着鸦头袜。"鸦头袜是和木屐相配的一种袜子,呈"丫"字形,大脚趾在一边,另外四趾在另一边。吴地的女子,赤脚着屐,展现出一种不受羁束的美。这种穿着也流传到了日本,直到现在还能在日本的街上看到穿着木屐散步的人。

再后来,我的家族越来越壮大,样式也变化无穷,如果想了解我们的历史面貌和发展过程,欢迎大家来鞋文化博物馆参观!

延伸思考

除了文中涉及的文字,你还知道哪些与古代鞋子相关的文字?

屋檐下的畅想

当代人的生活越来越高效便捷,文字书写的魅力渐渐被一些人忽视。一天,夜阑人静,那些被人们冷落了的汉字不愿再沉默,它们从字典里蹦出来,讲起了许久不为人所提及的故事。

"昔"先回忆起了自己的来历。那是很久以前的一个洪水泛滥的日子,尧带着他的子民离开了曾经的洞穴。原本,他们选择临水而居,享受水域的滋养;但是,那条诞育文明的河流也并非总是温婉而深情的,它也有怒涛咆哮之时。面对被摧毁的家园,人们开始向鸟儿学习,定居在树上,这样原始的人类可以避开猛兽的袭击、虫蚁的困扰,也免去了洪水的威胁。人们为了纪念这个伟大的进步,用石头刻下了这样一个字"昝"(昔),上面起伏的波纹就是洪水,下面一个"曰",代表时间、日子。"昔"用沧桑的口吻述说着那些洪水泛滥的日子。这样的日子随着尧的搬迁,变成了人们对过往岁月的记忆,所以"昔"后来就有了"曾经""从前"的意思。

这时候"巢"跑了出来,它张开双臂,头上顶着一个鸟窝,"巢"比

"昔"稍微年轻一点,它也说起了自己的青年时光,说起那些给人们带来诗意栖居的巢穴生活。和它们年龄相仿的还有仄("仄"),它是人们早年崖居生活的见证。在高高的山崖中,上面有遮蔽,旁边有依傍,一个人侧身在崖洞里这就是"仄"。"仄"的家族成员们甩着"一头长发"走了出来,它们年龄不同,但是都有一个"厂",那是它们的家族标志,代表着可居之地,比如"厦",从"厂","夏"声,而"夏"古时有"大"的意思,"厦"即大屋。历史的轴线推进到了唐朝,一位悲天悯人的伟大诗人许下心愿,以千万间广厦为天下寒士带去遮风避雨的安身之所。他在《茅屋为秋风所破歌》中写道"安得广厦千万间,大庇天下寒士俱欢颜",这千万间广厦大屋,是饥寒交迫的百姓安定生活的保障。

"厂"家族里最勤劳的还要算"厨",它以前的写法是"廚",像是房间里一只手在摆弄盛食物的器皿,这是一个烹饪的现场,也是连通味觉走向幸福的所在。王建的《新嫁娘词》里记有:"三日入厨下,洗手作羹汤。未谙姑食性,先遣小姑尝。"这个才过门三日的新妇入厨,洗手,做羹汤,因为不知道婆婆的口味,于是心思细腻的她,做好美食后先拿给小姑品尝。她的小心翼翼,她的郑重其事,她的巧思慧心,和这个生动的厨房联系起来,而她的故事也在这里展开。

这时,"厢"也带着它的故事来了。"厢"是古时住宅的一部分,是正堂前面两旁的房屋,有东厢或者西厢之说。王实甫的《西厢记》里前相国之女崔莺莺就曾暂住在普救寺的西厢房。在可以遮蔽的屋檐下,有婆娑的树影,也有多情的相顾之目。"厢"又讲起了江南的习俗,江南大户人家如果生了女孩,就会在庭院中栽种一棵香樟树,待到女儿成年,树已枝繁叶茂时,媒人便欣然前往。女孩出嫁时,家人会砍掉樟树做成两口箱子,里面装上丝绸,这两箱丝绸是女孩子的陪嫁,谐音"两厢厮守",代表着长辈美好的祝愿。"十年香樟成木,百年白首相约","厢"字在这里便有了温情和浪漫的色彩。而这个词的真正来历其实是和"厢"字的本义有关,"厢"是指庭院正方两侧的房子,所以"厢"用来代指同一关系两方面中的一个方面,故而有"两厢厮守",也有"一厢情愿"。

"厢"说得正起劲,"庭"信步来到了它的身边。小篆的"庭"(庭)身姿挺拔,举止潇洒,像个文质彬彬的读书人,关于它还有一段故事。很久以前的某一天,年少的孔鲤在庭中遇见了他赫赫有名的父亲大人,他不敢抬头,只是迈着小步趋庭而过。"学诗乎?"孔子的一句训问让孔鲤立马收住了步伐:"未也。"他颤巍巍地答了一句。于是,接连几天孔鲤闭门学诗。不知过了多久,孔鲤还像往常一样趋庭而过,此时他又看到了父亲,同样的声音:"学礼乎?"孔鲤又返回,闭门学礼,这就是著名的庭训,君子雅士的成长从这里开始。

小小一方庭院,不仅有过父亲对儿子的教诲,也曾发生过轰轰烈烈的爱情故事。焦仲卿和刘兰芝的爱情遭遇残酷的现实时,他们为自己的爱情选择了一个凄凉的结局,焦仲卿在庭院里找了一棵树,"徘徊庭树下,自挂东南枝",他最后把生命交付在了这里,年轻的生命和那无法调和的矛盾都化为乌有,从此"庭"里又多了一抹凝重的色彩。

但有些时候,"庭"又是快乐的。陶渊明在挣脱了樊笼之后,目光所及,一切都是那么的美好:"引壶觞以自酌,眄庭柯以怡颜。"这时的"庭"太重要了,那是他的精神家园,长在庭里的一草一木都足以让他开颜。

庭里还有一种跨越生死的思念。归有光庭前那亭亭如盖的枇杷树,是他妻子离世那一年栽种的。多年后,睹物思人,何其落寞。这里的庭,陪伴他度过了最黯然神伤的日子,也品读了人类生命的孤独与脆弱。

"庭"在人们的生活中虽不承担饮食起居的任务,但它可以是堂间,可以是院落,可以种花、种树、种春风……它早已成为古人住宅中不可分割的一部分。

没有"庭"那么挺拔自信,"庭"的兄弟"庐"显得更加纤瘦和孤僻,它总是一副与世无争、淡泊处世的样子。它最早是这个样子的:"廬"。它为看守庄稼的农人挡住烈日和风雨,在穹顶之下,一只手护住一个瓜,这个字形注定了"庐"的使命和守护有关。田地里的"庐"是为了守护农人的劳动果实,坟墓旁的"庐"是为了守护心中的那一份亲情思念,"南阳诸葛庐"守护了一种简约而不简单的人生态度,"结庐在人境"守护的是清净自由的生命信仰。

"厂"家族的每个成员都有着各自鲜明的性格特点,它们的近亲

"宀"家族也走了出来。在甲骨文中,"宀"是这样写的:"⌂"。这个貌似屋顶的形状,为"厂""宀"家族标上了同气连枝的血脉符号。

"宀"家族的大哥——"宫"(宫),有着器宇轩昂的皇家气质。它的方正对称,堂堂正正,时时显示出家族大哥的威严。最早的它并不是那么庄重严肃,高不可攀。屋顶之下两堵错落的围墙,最早也是一般老百姓居住的房子,和"房前屋后,种瓜种豆"的田园风融为一体。秦汉之后"宫"才和讲究风水与端正的宫廷建筑牵上了联系。"嗟我农夫,我稼既同,上入执宫功"(《诗经·豳风·七月》)里,展现了古时农人的生活。他们在收获的季节,将庄稼收进粮仓,然后忙着"执宫功",即为贵族修房屋。"宫"在这里并非宫殿,而是一般的房屋。"父母闻之,清宫除道,张乐设饮,郊迎三十里。妻侧目而视,倾耳而听。嫂蛇行匍伏,四拜自跪而谢。"(《战国策·苏秦以连横说秦》)战国时期著名的纵横家苏秦曾经潦倒困顿,如今得志归来,家人清扫房屋和道路,迎出三十里外。妻子侧目而视,嫂子匍匐蛇行。这里清扫的"宫"与"道"还是曾经的闾阎与陋巷,只是后来身份变了,态度就变了。

"宀"家二哥"宅"(宅)是一个老实憨厚的人。它五行属木,屋顶之下的"乇"是一棵大树,它把自然引入住宅,强调树木与居家不可分割的关系。所以古人用树木来代指家乡,如"桑梓之地",它是游子心中翘望的方向。宅是比较宽广的,它可以形容一个人的心胸开阔,为人良善,如"宅心仁厚"。它既可以表示屋室,也可以指种有树木的宅前屋后的空地。"五亩之宅,树之以桑,五十者可以衣帛矣"(《寡人之于国也》),这里的"宅"牵系着民生的饱暖;"方宅十余亩,草屋八九间。"(《归园田居》)这里的"宅"凝结着靖节先生的田园之乐;"住近湓江地低湿,黄芦苦竹绕宅生。"(《琵琶行》)这里的"宅"有江州司马萦绕心头的悲凉。现在这个"宅"又有了新的含义,"宅在家""宅男"这里既有现代生活的孤独,也有逃离杂务的自在。

"堂"和家族的其他成员显得有点不同,它有着浓密的头发,在外形上更显得魁伟端庄,仪表堂堂。"堂"走了出来,它拿出了自己幼年时的照片"⿳"，从外形来看，"堂"是在高高的土基之上修建的房子。在古时的居所中，"堂"是宽敞的厅房，它是家族聚会、议事、待客的地方。它是高而大的，古人也用"高堂"来尊称自己的父母。"只应传善政，日夕慰高堂。"(《送黎六郎赴阳翟少府》)为官一方施行善政，以慰藉家中的父母。这是韦应物对朋友黎六郎的嘱托。因为古时北堂是主妇的居室，所以用"令堂"来尊称对方的母亲。

这时，一个灵巧可爱的小个子跑了出来，它就是"窗"，家族里最小最受宠爱的成员之一。不管是怎样的居室，都离不了"窗"，它使居室多了一个出口、一份情趣。也许因为窗是房屋里目光最容易停留的地方，古人在窗上巧下心思，用极其精湛的雕艺来尽展窗的美。最初的窗以实用性为主，它的主要功能就是透气。穴居时代，古人住地洞的时候，会在洞口覆盖茅草和枝叶，所以窗的位置最先是在屋顶上，可以透光，可以排烟，这就是天窗。渐渐地，人们在地上建屋，窗就嵌进了墙里，成为房间里的一道风景。篆字的"窗"有一个屋顶，代表房子，里面菱形的框格就是窗，让人想到了古时苏杭的建筑，各式各样的窗，尽显古典之美，连回廊都有窗的点缀，每一扇窗都是设计精巧的一幅画，或映衬着婆娑竹影，或掩藏于兰穗紫藤之间，让人忍不住驻足观赏。古老的窗，斑驳的窗棂似乎又在历史的风尘中述说着往昔，使人产生无限遐想。

"厂""宀"家族的成员还有很多，它们是一个让人安定的地方，是那一方小小的屋顶（"厂""宀"），为流浪生活画上了句号，给心灵带来安宁。屋宇之下可以养猪（豕），那便是一个有了烟火气的"家"；屋宇之下做个关于未来的梦，梦"寐"里是无声的闲潭落花；屋宇下还可以聚敛钱财，攒下珍"宝"由此传家；屋宇下可以飨会宾客，"宴"饮里不乏风雅。

延伸思考

除了文中涉及的文字，你还知道与房屋居所相关的文字吗？

行走中的文字

　　行走,是人类生命中很重要的一项活动。它让人们冲破了空间的狭窄和单一,将此处与彼岸联结在一起,让天高地阔有了着落,让生活流动出色彩。人们行过千山万水,走过日月风霜,感受着空间变换与岁月的流转。关于人类出行的文字是怎样记录流传的呢?

　　"昔者仓颉作书,而天雨粟,鬼夜哭。"(《淮南子·本经训》)我们无数次想象仓颉造字的场景。有一天,他走到了一个纵横交错的路口,不知去往何方,他在路口慢慢徘徊,回去之后,他分别用"彳"和"亍",表示慢步行走。这里记录着他曾经徘徊的那个路口。还记得戴望舒《雨巷》里的丁香姑娘吗?"默默彳亍着,冷漠,凄清,又惆怅。""彳亍"是她忧伤的步履,她的惆怅犹如雨中的油纸伞,犹如空巷里寂寞的回音。木心说:"从前的日色变得慢,车、马、邮件都慢,一生只够爱一个人……"当一切都慢下来,心境就不一样了,或许更加踏实。

　　后来他觉得既然走走停停,徘徊不前可以用"彳亍",那流畅的行走就可以把这两个字合在一起,于是就有了"行云流水"的"行"。甲骨文

第三章　汉字与生活　153

写作"𔐀",像一个路口,四路交错有"行到水穷处,坐看云起时"的悠闲。

再后来,在这条大家经常出行的土路上,出现了货物的交换,也有了珍宝,仓颉觉得应该把这个记下来,接着"街"就诞生了,他在"行"里加一个"圭"字就是"街"。篆书的"𔗱"(街),外面是四路相通的形状,里面的"圭"是古玉器,大概表示这里的街道有别于田间小路,它是城中大道,有林立的商铺,有琳琅的珍宝。和"街"的含义相似的还有"衢",它指四通八达的道路,所以"衢路"即为岔路,"九衢"指纵横交叉的大道、繁华的街市。白居易在《送客归京》一诗中写道"舟辞三峡雨,马入九衢尘",想象朋友在烟雨朦胧的三峡渡口登舟而去,意气风发地在京城繁华的大街上骑马扬鞭的样子。古人的很多情感都是在远行途中吟唱而出的。人们一路前行,穿街衢,过阡陌,临津渡……从故乡到他乡。

有一天,他要去远处探访他的朋友,路过一条河,正当他不知该如何渡河时,看到岸边有一个简易的小船,于是他驾船而去。回来之后,给族人们说到这个地方,他便用"𔑦"做下了标记,这里有水,有船,可驾船渡河,这就是现在的"津",也叫作渡口。王昌龄《沙苑南渡头》一诗中写道:"津人空守缆,村馆复临川。"船夫空自守望着缆绳,孤寂清冷。津是渡口的通称。《桃花源记》里有:"南阳刘子骥,高尚士也,闻之,欣然规往。未果,寻病终,后遂无问津者。"后来的人再也没能找到那个桃源净地,再也问不到那个舍船而入的渡口,所以索性不再问询,而"无人问津"这个成语也就出自此处。现在这个词比喻没有人来探问、尝试或购买。"津"可以是战略要地,咽喉之道,我们称为"要津":"今观安石汲引亲党,盘踞要津,挤排异己。"(邵伯温《闻见前录》)"津"也可以是送别之地:"津亭秋月夜,谁见泣离群?"(王勃《江亭夜月送别》)它也可以是迷失之路:"桃源何处是,游子正迷津。"(孟浩然《南还舟中寄袁太祝》)成语"指点迷津"中,以"迷津"比喻迷失的方向。

既然要驾船,也需要提醒族人船的位置,于是他用一个"𔐀"来表示他乘坐的那一艘独木小船。两头翘起,中间凿空,人们叫它"舟",那个时候人们只能做很简易的小舟。后来"舟"可泛指船,李白《早发白帝城》中:"两岸猿声啼不住,轻舟已过万重山。"在古诗中这一弯小小的独木舟往往寄托着诗人特殊的情感。杜甫晚年与舟为伴,漂泊于江流之上,"丛菊两开他日泪,孤舟一系故园心。"(杜甫《秋兴八首·其一》)舟的漂泊,与诗人的羁旅之愁相契合,他们常常把自己的命运和舟的形态牵系在一起:"心似已灰之木,身如不系之舟。"(苏轼《自题金山画像》)农业社会交通不发达,往往一次出行就是大半年,旅途中颠簸辗转,常会有漂泊之感,难怪会生出与舟为伴的凄楚:"亲朋无一字,老病有孤舟。"(杜甫《登岳阳楼》)

人们深刻地感受到了文字带来的方便,在仓颉之后人们继续用此来记录生活。后来,比舟大的船问世了,仓颉的后人以"舟"为形旁,造了"船"字,表示它的功用与"舟"相似。"船"是沿江河而行的大船,在《吕氏春秋》中"绝江者托于船,致远者托于骥",能够横越长江,可见其大。《韩非子·功名》中"千钧得船则浮,锱铢失船则沉"可说明船的载重之大,在小舟之上。

后来的船越来越大,有些可以用来装运土石,仓颉的后人们看到江上巨大的船只若有所思,觉得应该和先前的"船"做出区分,于是他们商量着造一个"舸"字,"舟"旁表示水运工具,右边的"可"意为"荷",肩挑土石的意思。"舟"与"可"联合起来表示"载运土石的工程运输船",后来泛指大船。《方言》卷九里说:"南楚、江、湘,凡船大者谓之舸。"《滕王阁序》里,"舸舰弥津,青雀黄龙之舳",以舰与舸相列,船尾还有雕饰,都形容豪华精美的大船,"舸舰弥津"表现此地富庶繁华。左思《吴都赋》:"弘舸连舳,巨槛接舻。"舸以"弘"修饰,可见其大。毛泽东《沁园春·长沙》中"百舸争流"更是用百舸竞发的场面,体现出一种阔大之景。

文字的创造和不断丰富,记录着社会生活的不断进步。最初当看到几个役夫拉着一辆车出现在路口时,仓颉的后人们把它记了下来"辇"。《战国策·赵策四》中"老妇恃辇而行"写赵太后靠着辇车出行。后来人们去掉了辇的轮子,将其改为了像轿子一样的出行工具。唐代画家阎立本的《步辇图》还原了贞观年间吐蕃使者参见唐太宗时的场景。在宫女簇拥下坐在步辇中的唐太宗显示了最高统治者的威严和尊贵。

"辇"是以人为力的，或拉或抬，以步幅为轨迹，走得慢且不远。马车的出现弥补了这一不足。骏马奔驰，疾驰如风，日行千里，那是让人羡慕的速度和力量。于是仓颉的后人们又聚在了一起，准备用文字记录下这个进步。他们商量着，既然是马拉的车，就在左面用马来表示，然后用两纵两横表示简易的马车，上面还要画上两个人，表示该工具是人们出行时所乘坐的。之后，"𩤖"（骈）字问世了。后来，韩愈的《马说》"骈死于槽枥之间。"惋惜千里马和普通马一起死在了马厩里。"骈"由两马并驱引申为"并列"之义。汉魏时兴起了一种讲究句式对仗的文体，称"骈文"。"骈四俪六，锦心绣口"（柳宗元《乞巧文》）说的就是这种文体用四言或者六言的句子对偶排比，其整齐和优美体现了创作者的巧思文才。

有了两马并驱的"骈"字做参照，人们稍作改动用"骖"来表示三匹马拉的车："马"是形，"参"有"三"义。《说文》解释说："骖，驾三马也"。"俨骖䮫于上路，访风景于崇阿。"（《滕王阁序》）驾着马儿走在这崇山峻岭中，赏一路风景，自己也成了一道风景。

紧接着，大家又创造了"驷"，表示四马驾的车。《诗经·小雅·采薇》里说："载骖载驷，君子所届。"三马、四马驾的大车是诸侯君子们乘坐的。驷马车，规模大规格高，往往是显贵者所乘的，所以人们又以"驷马高车""驷马高门""驷马高盖""驷马高轩"等词语来表示门第显赫。四马拉车自然在力量和速度方面优于单马拉车，因此"驷"往往与迅捷相关联，比如成语"驷不及舌""驷马难追""驷之过隙"。

延伸思考

除了文中涉及的文字，你还知道哪些与"行"相关的文字？

时·节

    这是一个时间的舞台,季节的轮回里有二十四道闸门,各自对应二十四位神祇。他们在四季的轮转中演绎寒暑与晦明,兴衰与荣枯,教给劳动者生产生活的智慧,我们叫他们——节气。

    当第一道闸门打开,作为四季之始的"春",携着煦阳款款而来。"𣳾"是甲骨文里的"春"字,一年的起始,春回大地,春和景明。他的左边是两棵小草,在一轮太阳的照耀下破土萌芽。此时不再是严寒统治下的世界,熙熙攘攘、热闹喧腾的春日在那一片绿草的映衬下更显生机。"𣳾"的右边从"屯",《易经》里说:"屯者,物之始生也。"本意是种子萌芽,意味着春天里的盎然生意,万物萌动。这是一年之始,是一个充满阳气的世界,万物似乎都在蓄积力量,以期在这一年拔得头彩。

    "春"之神最爱的一句俗语便是"一年之计在于春"。抓住了"春"便赢在了起点。当看到人们鞭春牛、忙春耕的时候,"春"自然是欣喜的,他稳稳地立在那里,用一天长似一天的白昼,唤醒人们对春的记忆。

第三章｜汉字与生活

"立春"作为时节之首在一片春雨中淡去,他的接班人"雨水"拂过万物让天地焕然一新。紧接着"惊蛰"迫不及待地打开了闸门,释放出浓浓的春意。"花开看半,酒饮微醺","惊蛰"拉开了仲春的帷幕,此时的春意是刚刚好。《月令七十二候集解》里说:"二月节,万物出乎震,震为雷,故曰惊蛰。"一声春雷将蛰伏的百虫叫醒,让这些在幽暗里蜷缩一冬的生灵出来看看这个明媚的世界,让生命重返灵动与喜悦。"蛰",小篆写作"▨",《说文解字》的解释是:"藏也,从虫,执声。"所以这个字是形容虫类藏起来的样子。这让人不禁又想到一个"蠢"字,从字面上来看,是指春天里的虫子,《说文解字》里解:"蠢,虫动也。"本义为:昆虫慢慢地爬行。想必也是惊蛰之后的虫子,慢慢地从地底的黑暗中苏醒过来,带着一点懒散和萌态,所以后来人们用"蠢"来形容笨笨的样子。"惊"在《说文解字》里被这样解释:"惊,马骇也。"马被吓着了,可见那声春雷的气势,震动天地,也唤醒了万物。因此,这一时节必定要雷声隆隆,似有改天换地之势,就如苇岸所言:"仿佛为了响应这一富于'革命'意味的节气,连阴数日的天况,今天豁然晴朗了。"

　　惊蛰在不舍中离去,把大地交给一位公平的使者——"春分",他将白昼平等均分,冷暖、光照……感觉一切都是那么恰适与和顺。"别来春半,触目柔肠断。"不知不觉间会有时光流逝的感慨。

　　"清明"尾随"春分"而至,他是明媚春光里的一位精灵,他如水一般通透澄澈。"万物生长时,皆清洁而明净。""▨"是"清"的小篆,从水,青声。▨(明),小篆字形从月从囧,从月,取月之光;从囧,取窗牖之明亮。可以想象,"春分"过后的"清明"经过雨水的清洗,天地为之一新,自然干净清朗,而春已过半,渐见初夏之明媚,所以如皓月般明朗。"燕子来时新社,梨花落后清明。"清明时节,天地山水洁净澄明,万物烟景舒朗雅致。

　　春之神,在"谷雨"的浸润下退场。万物并秀的夏日登上了季节的舞台。

　　"流光容易把人抛,红了樱桃,绿了芭蕉。"蒋捷的《一剪梅》将春与夏的交接写得婉转动情,那是一段流光的消逝。充满活力的夏之神是一位冲顶登峰的青年,将生命的豪情尽数展现。阳光是透照的,绿荫是浓郁的,就连蝉声蛙鸣都是激情四射的,大自然创造了一个燃烧着的夏。"🅇"(夏)用一只大大的眼睛打量着这个世界,伸出双手拥抱自己,立足大地,行稳致远——这就是自信、自立、自强的"雄武的中国人"形象。《说文解字》里将"夏"解释为"中国之人"。这里的"中国"特指"中原一带",所以"夏"字的本义是中华民族,也叫作华夏民族。

后来这个雄武的人,走进了季节里,成为一年中生命力尽情盛放的一段时光。人们发现在"夏"统辖的时空里,万物都在喧腾中壮大:太阳大起来了,禾苗植物长得高大了,乔木的浓荫尽情地伸展,夏之神欣然自喜,将这份生命的激情燃烧得更加旺盛。人们的心情大好,将"蝼蝈鸣,蚯蚓出,王瓜生,苦菜秀"这些夏的物候写进了《礼记·月令》中。接下来又趁着"立夏"之日,天子亲率三公、九卿、大夫,在南郊祭拜。南是夏风来的方向,所以仪式选址于南郊,人们祈求夏日丰收,在这个仪式上,司徒官要去各地勉农,让农民抓紧耕种。

在"立夏"的充足铺垫之下,"小满"来到人间。他拂过渐满的麦粒,轻声耳语。他是一位智者,将盈虚之度拿捏得恰到好处,"满"("🅇")的本意是水盈溢。水满则溢,月盈则亏。任何事物到达顶峰之后,接之而来的便是削损,所以"小满"即可,小小的满足,将盈未盈的状态,就像"花开未全月未圆",在消长盈虚中寻求一种平衡。欧阳修在《小满》中写道:"夜莺啼绿柳,皓月醒长空。最爱垄头麦,迎风笑落红。"东风已逝,繁花已成落红,田间的麦穗在将熟未熟之时,摇晃着娇憨的脑袋,将一种满足之态,照进人们的心里。小满传递世间生活的智慧,带人们感受小小的幸福。

"小满"之后的"芒种"是一位勤劳之神,他站在夏的中央,平衡着收种的两端,"芒"的写法是"🅇","从艸亡声",他是草木的顶端、草叶的尖部。谷类种子壳上有像小针一样立着的东西,这就是"芒"。我们平时所说的"针尖对麦芒","锋芒"里的那根"芒刺"也都由此而来。《月令七十二候集解》里说:"五月节,谓有芒之种谷可稼种矣。"这是一个既有收获又有播种的时节,而这一种一收都与"芒"有关,这其间蕴含着一个朴素的道理:"种"与"收"总是相辅相成的,有播种才有收获。也有人把"芒"谐音为"忙",这是个"忙着种"的节气,的确如此,白居易的诗歌《观刈麦》里"田家少闲月,五月人倍忙。夜来南风起,小麦覆陇黄"再现了五月盛夏农忙的场景。

夏日众神在芒种之后纷纷降临,又相继离去,将天地交给深邃的清秋。秋的故事是从一场猝不及防的秋雨开始的。一季酷暑炙烤之后,人们在某个夜间忽感一阵凉意,忽闻一阵秋虫鸣叫,于是那个盼望已久的秋款然而至了。秋之神的名字并不像人们印象中的那么潇洒冷峻,他更像是充满童趣的一幅画,""上面部分是童年时候的那只蟋蟀,小小的触角,长足,翅膀均清晰可见。自然界里的昆虫皆是应时而生,如果说鸣蝉代表着夏季,蟋蟀则是秋天的象征,《诗经·豳风·七月》里说:"七月在野,八月在宇,九月在户,十月蟋蟀入我床下。"古人对于季节的感知,皆是由自然的细微之处拼凑而来的,那便是最真切的生活。而"秋"下面的那一把"火"讲述的是人们收获之后焚田杀虫的习俗。

秋之神有别于夏日众神的蓬勃活泼,在他的领地里,万物出现衰退之势,人们被感伤的情绪萦绕,似乎酝酿一年的悲愁找到了一个突破口,于是便一发不可收拾,形成秋的一抹独特的色彩。"何处合成愁,离人心上秋。"离人心里的愁,如果有形,那便是秋景。王实甫的《西厢记》里,以秋景渲染离愁是那样婉转动人:"碧云天,黄花地,西风紧,北燕南飞。晓来谁染霜林醉,总是离人泪。"霜林为何而红?那是离人的眼泪染就,作者做了一个大胆的想象,离人泪如霜叶般红?这是怎样的离情啊,再应和眼前萧瑟的秋景,这离别更是痛断愁肠,正如柳永《雨霖铃》里所说:"多情自古伤离别,更那堪冷落清秋节!"

好一个草木摇落的秋,好一个诗情勃发的秋!

岁月更迭,光阴流转,冬之神披着一身素衣悄然而来。在秋天的最后一道闸门"霜降"落下之后,冬为这一年的新旧交替,兴亡更迭做一个总结。

冬之神的甲骨文名写作"",如冬之神一直所崇尚的一样,他是简洁的,在绳子两端打了个结,表示事情结束了。冬之神就这样站在年岁的终末,用冰天雪地还世界一个清白的开始。

"千山鸟飞绝,万径人踪灭。孤舟蓑笠翁,独钓寒江雪。"他是极简极净、纤尘不染的天地,他也是万籁无声、风雅绝伦的独孤侠。

曾记得寒天的西湖:"天与云与山与水,上下一白。湖上影子,惟长堤一痕、湖心亭一点,与余舟一芥、舟中人两三粒而已。"

至此一个轮回结束,二十四道闸门皆已落下,众神们将于新春之后酝酿着新一轮的出场。

延伸思考

你还知道二十四节气中的哪些节气呢？它们的字形又与节气本身有怎样的联系呢？

第四章

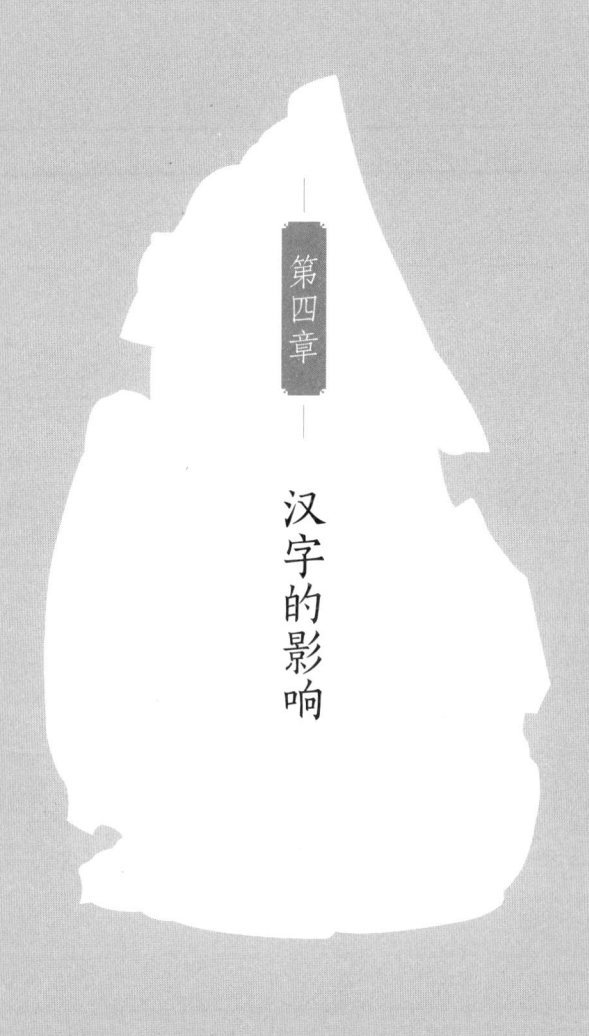

汉字的影响

汉字与方块壮字

由于文化潮流的推进、民族迁徙、经济贸易活动、宗教信仰等，汉字曾经被周边民族当作通用的文字，有许多民族经过比对、借用或演进而创造了本民族文字，但其新的形态当中多少会保留一部分原来汉字的影子。汉字形态也会随着地域的不同而不同，出现了各种各样的文字形态现象。

在明江与左江的交汇处，有一处上古金城遗址，抚摸着历史的遗迹，数着土夯墙内到处可见的印纹陶板瓦残片，时光可倒回到一千多年前。那时，部落里人们以打猎为生，布洛陀是部落里最有智慧的人。一次，族人打猎回来，比画着告诉布洛陀一个新的发现。那是几块残缺的竹片，并不锋利，上面刻有一些看不懂的符号。这与平常用于分割猎物、打猎的锋利竹片并不相同。随后，族人把布洛陀带到一个山坡上，这里有一个坍塌的废弃土屋，墙上刻着一些与竹片上相同的符号。布洛陀明白，这些符号意义非凡，但这些符号究竟是什么，布洛陀也讲不清楚。

年复一年，部落人口越来越多，人们的打猎范围越来越广，打猎时间越来越久。这一次，外出打猎的族人再一次满载而归，人们在院落里分发着猎物，有族人拿着一些破罐子，走进了布洛陀的帐篷。这时的布洛陀双鬓已白，当看到这些破罐子上刻着的花纹和符号时，他怔住了。这到底是什么呢？布洛陀拿出几十年前的竹片来仔细对比，发现两处的符号虽有不同，但构成符号的部件有相同的地方。他拿着竹片、罐子，到河边寻找答案，在树林里叩问大地，抑或抬头仰望天空，祈求天神给予答案。

有一天，布洛陀坐在院落里，看着往来的族人，发现他们互相打着招呼，用手比画着交流，布洛陀的眼睛里突然发出异样的光芒，他明白了：这些刻在竹片和罐子上的符号应该是一种固定的交流符号，是一种文字。于是，布洛陀在这种文字的基础上开始创造属于壮族自己的文字。

"上"字上面加个"天"字，意为"上"，再怎么往上，也是头顶苍穹。"下"字上面加个"天"字，意为"下"，不管怎样降落，都在苍穹之下。

岜，"巴"音，"山"意。如果"山"字头变为"女"字旁，形成"妚"，那这个字就与女人有关。方块壮字与汉字永远是好朋友，借音借义，永不断绝。比如："关"，在汉语中表示以木横持门户，但在方块壮字中意为"丈夫"；"与"，在汉语中表示赐予，但在方块壮字中意为"疼爱、惦记"；"观"在汉语中表示仔细看、审视、凝视，但在方块壮字中意为"前面，先前"。这些方块壮字与汉字同形不同义。当然，也有借用汉字自创文字的，比如：刄，借用汉字"刀"加一个区别性的符号，表示"钱"之义，引申为数量词"钱"。伏，左边的"亻"表示字的意义范围，右边的"天"取音，人与天相合，就是佛。刋，由数量词"二"和表示钱币数量的"刀"组成，意为重量单位"两"。虫，上面的一撇象征着谷物，意为谷物之下生虫。咟，借用汉字音义，一百张口，表示与嘴巴有关。

可见，方块壮字与汉字之间有着密切的联系，并且还有很多这样的小伙伴。"伝"："云"音，"亻(人)"意。"眉"：一个人侧卧着，但睁着眼，表明是有生命力的。"㗊"：四个"口"表示众器物的口，这些器物都是用手工做的，表示"器皿"。"沓"：水从一个洞口流出，形成汩汩"山泉"。

淳朴的壮家人，没有行政监狱，方块壮字中的"监"表示山洞；"尘"：像三只鹿飞奔，扬起尘土在"天上"，意为"天上，上面"。"监尘"就是"岩洞上面"的意思。

江河合水而为大，方块壮字中的"大"意为"江河"之意。"大"字加一个"氵"，仍为"江河"之意。

就这样，壮族人渐渐有了自己的文字，代代传承。"在三条河水汇合的地方，一定有神社；在三条路汇合的地方，一定有神社。"这是壮族古籍《布洛陀经诗》中所记载的文字。他们认为在水陆交通便利的地方，阳光充足，一定会有神灵的出现。

随着经济文化的发展，几个部落争相抢占土地。壮族人把攻占城池的敌人称为"贼"，在古方块壮字中意为"军队，士兵"，因为他们也是勇敢的。后来，壮族人也就在这些水陆交通便利之地建立了军事寨城。"舍"在古方块壮字中不再是房屋，而是"寨城"。寨城在哪儿，就住在哪儿。"巴"是河口的意思。"舍巴"就是河口寨城。一条江流过舍巴城墙，在江的对岸也会出现一个城池，扼守河口。"思"在古方块壮字中是"城"的意思，是那些妇人思念的人儿所在的地方。"达"，有"河流"的地方才能四通八达。"思达"的意思就是"河城"。

后来，一场大火将城寨点燃，帝王书信、古文献记录、歌谣命帖，在熊熊烈火之中化为乌有，七十捆古书，七千象形文字，灰飞烟灭。

如今，我们看到的方块壮字并非先民最初创造的古文字，而是当前的出土文献和传世文献中所能见到的最早的方块壮字。从这些字形来看，方块壮字是一种在汉字的基础上，自己改造，重新创造的文字，既有着汉字的印记，也彰显了壮族人民的风俗民情。方块壮字是壮族人民丰富的历史文化遗产，也是中华民族文化中一种极具特色的文化现象。

延伸思考

你还知道汉字对哪些文字产生过影响？

女性的专属文字

很久以前，在湖南江永县，有一座山叫神龙山，山里有一个寨子叫清风寨，寨主名叫大胡子。五月初，从山下回来的土匪来报，再过几天江永县会举行庙会活动，到时各村落的女子都会去花山庙膜拜，许愿祈福。听说这一次，江永县一个大美人也要去逛庙会。大胡子眼前一亮，问道："是谁？"小土匪答道："盘巧姑娘。这位盘巧姑娘三岁会唱歌，七岁会绣花。听说她唱的歌能让人沉醉其中，绣的花更能以假乱真，现在已经出落得十分水灵。"大胡子拍腿称道："真是天助我也，正差一位夫人。"

初十这一天，盘巧跟着同村的姐妹们一起持着扇子、巾帕、绢布赶赴花山庙参加庙会。庙会上人山人海，盘巧与各位姐妹走散了，让一路跟踪她的土匪们有了可乘之机。土匪将盘巧的双眼蒙住，手脚捆绑起来，装进木箱里，四人抬着绕过七条小路，蹚过七条河流，翻过七座大山，最后回到了寨子。

由于盘巧不服从，大胡子一直未能如愿，就把盘巧关了起来。盘巧每日在山洞里以泪洗面，不知何时才能逃出去。

有一天,盘巧在窗边做女红,她看着篮子里做好的一堆女红,却无人送,无人用,不由得流下了泪。她想起小时候阿妈教她做女红时唱的歌谣。

    一绣童子哈哈笑,二绣鲤鱼鲤双双;
    三绣金鸡伸长尾,四绣海底李三娘;
    五绣五子来行孝,六绣神仙吕洞宾;
    七绣七仙七姐妹,八绣观音坐玉莲;
    九绣韩湘子吹笛,十绣梅良玉爱花。

哼着这首《十绣歌》,阿妈教自己做女红的场景一一浮现在眼前。夜里烛前,阿妈针法活泼,平、齐、和、光、顺、匀,盘巧一针一针地学,渐渐地,从一绣到十绣,终于绣出了模样。可是没想到天意弄人,自己被关在这里,不知何年何月才能出去,不知阿爸阿妈是否安好,不知阿姊阿弟近况如何。想到这些,盘巧的眼泪像断线的珠子,吧嗒吧嗒滴到了手中的刺绣上,打湿了绣面。盘巧忙用手去拭,一条条长长的红线顺着手展开,一道、两道、三道……原来是绣线的颜色,自己的眼泪把绣线浸透了。看到颜料在自己手中画出了符号,一个念头出现在盘巧的脑海中:为何不写一封信,一封普通人看不懂的信?

盘巧日思夜想,试着用平时与姐妹们做女红用到的花边图案和方言土语进行造字。借用常用字,但又必须与常用字不一样,这样才能把信传出去。从最简单的"一"字开始,盘巧将一横向左倾斜成为一撇"丿",那数字"二"和"三"也就依次类推。

将平常字翻转或者倾斜,虽然留有汉字的痕迹,但如果不仔细研究,不了解刺绣的运针跳针是不会被轻易察觉的。汉字"山",中间的"丨"突破包围,向下面延长,形成"彡",正如进山的路只有一条。而山中关着一个女人,"女"字怎样写?女人就像那月亮,始终围绕太阳旋转。岁月之刀在她脸上无情地留下了痕迹。于是,盘巧在一个弯月上绣下了两道痕迹,正如一个女人180度的转弯"彡"。进山的路,山势陡

第四章 | 汉字的影响

峭,纵横交错,山边岩石覆盖处是人居住的地方。但常有一人在牧羊放哨,所以盘巧就将"人"字与山路缠绕"𠄌"。

盘巧每天都在造字,从数字开始到简单的笔画字,盘巧将她所见到的事物都刺成了图案或者改编的文字。这里枝丫重叠,枝繁叶茂,盘巧将汉字"丫"的树干向左倾斜,形成"𠄌"。夕阳西下,霞光铺满山寨,映红了枝丫上的累累硕果,所以"夕"字拉长第一撇"𠄌"。云霞映着落日,点燃了山里的一切,天边残阳如火。盘巧将"火"字的两点刺成两个太阳,表示火气很大,气得人的眼睛与人分离,形成"𠄌"。余晖落尽,生命终结,"亡"字头上的一点变圆点,其余部分向左倾斜"𠄌",正如一个花季少女的青春一点点消逝。

盘巧每天都在努力地造字,努力地刺绣。最终,她用了三年的时间刺成了一幅长八尺、宽四尺的作品。作品上面详细地记载了自己的经历以及寨子周边的情况。信写好了,可是如何送出去呢?有一天,土匪来送饭,盘巧告诉土匪自己的胭脂用完了,需要去市场上买。土匪回答道:"没有大王的允许,你不能离开这间屋子半步!""再说,"土匪脸一横,"哪有钱给你买胭脂!"盘巧不慌不忙地拿出刺绣说:"大哥说得极是。你看这样行不,你让下山的兄弟把这刺绣卖了,再顺便给我带一盒胭脂回来。"土匪不屑地拉开刺绣,突然,眼睛放射出光芒!好大一幅刺绣啊!色彩鲜艳,花样繁多,绣工精美!丝丝缕缕,错落有致。不同层次的图案栩栩如生,色彩搭配也是恰到好处!土匪虽然不懂刺绣,但可以肯定的是,这幅刺绣绝对能卖出一个好价钱!于是他就同意了。

土匪走后,盘巧满心欢喜,但随后又坐立不安。土匪会不会帮她卖掉呢?外面的人到底能不能看懂这封信呢?会不会有人来救自己?盘巧心急如焚。这一次会不会成功?如果没有成功自己该怎么办呢?想到这儿,盘巧不禁流下了眼泪。三年了,暗无天日的日子,她不知道外面到底怎么样了,家人怎么样了。想着,想着,盘巧睡着了,梦里,她回家了……

日子就这样悄悄地过去,一个月后的一个晚上,"轰,轰……"盘巧在一声声排山倒海的炮声中惊醒,她感觉整个山洞都要被震垮了。盘巧穿上衣服,来到门口,从门缝中看出去,浓烟滚滚,火光冲天,土匪们慌慌张张,四下逃窜……

原来,那天土匪拿着刺绣到镇上有名的"顾绣庄"去卖,顾老爷看了以后甚是喜欢,说道:"这绣工真是了得!运针深浅变化之中层次分明。绣工细致,图案秀丽,这宝物是从何而来?"土匪听得喜滋滋的,说道:"家传宝贝。"顾老爷认真端详着这幅刺绣,说道:"只是这上面的图案……"土匪听到"只是",急忙问道:"只是什么?"土匪以为顾老爷要变卦,想压低价钱,说道:"如果你不想要,我们找其他铺子。"说着就要拿过刺绣。这时,顾老爷忙一把抱过刺绣,笑道说:"兄台,一切好说,你开个价。"

顾老爷买下刺绣后,把刺绣挂在后堂,泡了一壶好茶,边喝茶,边观赏。"的确是一幅好刺绣。"顾老爷自言自语道。"听说老爷买到一幅好作品,我也来瞧瞧。"顾夫人边说边笑地走了进来。"夫人来了,快来,看看这幅刺绣。"顾老爷将夫人引到刺绣边,夫人抚摸着刺绣,认真端详。过了许久,顾夫人说道:"总觉得这幅刺绣里有什么寓意。"顾老爷一听,眼里射出了一道光芒:"正是,看来夫人和我想的一样。这些图案很有意思。""要不,改日我让我那些姐妹一起来看看?"顾老爷点头道:"也好!"

顾老爷从爷爷那代起,就开始做刺绣生意,与刺绣打了三世的交道。顾夫人的母亲擅长刺绣,所以顾夫人也有一身刺绣好本领。这日,顾夫人叫上了她的一群好姐妹一起观赏这幅刺绣。大家看到这幅巨作,都为之惊叹,开始七嘴八舌地讨论了起来。刺绣中所有的图案都是呈长菱形的"多"字式体势,右上高左下低,斜体修长,秀丽清癯。仔细看有汉字的痕迹在里面。如果把这些字组合在一起,这幅画想表达出什么意思呢?越说越起劲儿,姐妹们开始自行解读,去探寻其中的秘密。

一个月过去了,姐妹们把各自解读的内容凑到一起,发现了这幅巨作中的惊天秘密:这是一封求救信!于是,她们马上报了官。县令根据图上的提示对清风寨进行剿灭,盘巧终于得救了!

从此以后,这种图案文字就在当地女性中流传下来,并且代代相传。女书的主要内容是婚姻家庭、社会交往、幽怨私情、乡里逸闻、歌谣谜语等。女书文字的传授，一般是在家庭妇女之间，并且传女不传男。姑娘懂事时，对母亲或者祖母绣在手帕上、写在纸扇上的女书产生兴趣了，母亲或祖母便开始教她认女书文字。比如：

"七"字中"乚"变成左转，形成弧线"♪"。同样，"九"字中，"乚"向左形成弧线"♪"。"八"字的一撇一捺变成左弧右弧，形成"）（"。

"亿""乙"，简化为一撇向左倾斜，表示小草屈曲生长破土而出，"人"字放头上，寓意人们守护自然的安定"乂"。

学会认识数字后，祖母或者母亲就开始教姑娘一些简单的女书。女书的写法都是从右往左，从上到下，字形的特点都是右高左低，呈斜菱形，基本笔画非常简单，只有点、竖、斜、弧。比如：

一个人，难免重心不稳，会被他人左右"♪"（个）；

上面像伸开的指掌形，下面像肘腕形，变成"♪"（手）；

姑娘穿着丝质衣服站在河边，微风吹拂，发丝、衣裳向左飘扬"♪"（巾）；

明镜高悬，照人心胆，必须要经得起百姓的监督"♪"（正）。

马，迎风奔驰，尾巴左扬"♪"（马）；

"油"，把左边的"氵"改成平行的三个圆点以后转移到下面，表示润滑的液体"♪"（油）。

当姑娘认识了一些字之后，祖母就会教姑娘一些脍炙人口的诗歌，比如李白的《静夜思》：

♪♪♪♪♪，　（床前明月光）

♪♪♪♪。　（疑是地上霜）

♪♪♪♪，　（举头望明月）

♪♪♪♪。　（低头思故乡）

这是祖母最先教的诗歌,这也是许多女子远嫁他乡后最容易想起的诗歌。月光如水一般缓缓流淌,流到梧桐树矗立的枝干上,流到那微弱的烛光上,流到了姑娘的心中。那一轮明月,总是令人陶醉、向往。那是儿时与小伙伴追逐打闹时的明月,那是祖母在葡萄藤下教她诗歌时的明月,那是万里共清辉的明月。

姑娘学会了一些女书以后,便会和自己的小伙伴们一起认一起唱,为了结交更多的姐妹,她们就动手用女书写结交书。如果自己的好姐妹出嫁了,三朝回门时,姑娘就会用一条手帕去祝贺她。这条手帕上会绣上自己特别的"祝福语"。所以,女书也被称为女字,也就是妇女文字,也是全世界已知的唯一一种性别文字。

延伸思考

你还知道哪些文字呢?

时代之"新字"

从仓颉造字的古老传说开始,汉字的发展历经了几千年的复杂演变与改造。每一个字后都蕴含着历史的沧桑与变迁,每一个字后都谱写着时代的创新与发展。在这浩瀚的星空中,有些字永远闪耀着光芒,有些字如流星一掠而过。

1941年的某一天,被根据地派下山去买盐的老兵回来说:"部长,现在熟盐已经涨到每市斤32元了。"说着叹了口气。后勤部部长杨立三沉思了一下,说道:"日本对太行根据地和华北地区进行大规模扫荡,加上连年蝗灾和干旱,粮食歉收,现在的物价相当于1937年的280倍。"老兵说道:"部长,该咋办啊?钱越来越不值钱,粮食越来越贵。"杨立三在屋里踱着步,喊道:"警卫员,通知下去,下午召集大家开个会。"

下午,参谋长、指导员、各部长主任到会。杨立三说道:"抗战爆发后,华北、华中、华南地区相继沦陷,中国损失了绝大部分工业,以及半数以上的农业。在这种情况下,物价一路攀升,钱也越来越不值钱。我们以前是以货币为单位计算工资,现在我们可以改为以实物为单位计算。"参谋长说道:"立三,你有什么好的想法?"杨立三说道:"以后的工资就按'饻'来算。"在座的各位疑惑不解,众口道:"哪个字?"杨立三一边在纸上写,一边说:"饻,取其有食有衣的含义。一饻所含的实物可以包括:中等小米二斤、中等小麦一斤、油盐各五钱、中等白土布一方尺(土布面宽一般为一尺)、中等家用一点五斤。这样就可以避免工资受到物价波动的影响。"参谋长赞道:"好!就按你说的这个办。"随即下令改革根据地计算工资的办法。这一方案实施后,备受百姓欢迎。后来,这个字一直沿用至1949年。

　　1949年后,中国工业百废待兴。1953年,中国开始第一个五年计划。工程学家们纷纷担负起发展新中国的重任。一次,著名的结构学家蔡方荫教授在课堂上讲混凝土的相关知识,下课后,一个学生走到讲桌旁递上一张便条,便匆忙离开了。蔡方荫打开便条,只见上面写着:"老师,可否讲慢一点,我们来不及记笔记。谢谢老师!"蔡方荫一下子就明白了,"混凝土"这三个字一直在重复运用而笔画又太多。该怎么办呢?回家的路上,蔡方荫思考着:能不能用其他简单的字代替呢?晚上,蔡方荫躺在床上,想着混凝土的相关特征:人工合成的石头,坚硬如石。那干脆就用"人工石"三个字构成一个字。于是"砼"字诞生了。现在我们也经常看到一些词汇,如:"商砼(商品混凝土)""砼车(运输混凝土的车辆)""砼人(混凝土从业者)"。

　　与工业相关的新造字还有一个"泵"字。上石下水,为之泵。泵(英文:pump),是由意大利人发明的一种能吸入和排出液体或气体的机械,后传入中国。在清朝初期,有人根据"pump"转动时发出犹如石头扔在水里的响声,造出上石下水的会意字"泵",沿用至今。因为"泵"字的字形结构,也成为许多谜语的谜底。如"石头底下尽是水(打一汉字)","石头漂在水面上(打一字)","水落石出(打一汉字)","滴水穿石(打一个汉字)"。

　　工业发展的同时,中国的医学也在不断地完善。20世纪初,医学院教授周少吾在讲授口腔解剖生理课程时说道:"上下牙列间的接触动作或接触过程我们称作'䶗'"。学生们齐刷刷地做着笔记,补充着书上没有的知识。一个学生下课后,去图书馆找关于"䶗(hé)"的相关知识,发

第四章｜汉字的影响　175

现竟然根本没有这个字。第二天下课后,学生就跑去问周老师。周老师说道:"这是我自己创造的,上下牙列的知识是很复杂的,可以当作一门专门的学科,所以必须要先有一个称谓。"后来,邹海帆教授主持编撰了我国第一部英汉《牙医学词汇》,在其中也用到了此字。现在,口腔医学中也专门有一门科学叫"𬌗学"。

随着人们物质生活水平的提高,各地的饮食文化也纷纷创造着自己独有的特色。陕西关中地区出现了一道特色美食,名叫:"𰻝𰻝面"。这是一种手工擀成的又长又宽又厚的面条。因为在做这种面食时会发出"biangbiang"的声音,因此取名biangbiang面。当地的一首歌谣对这个字进行了诠释:

"一点戳上天,黄河两头弯。八字大张口,言官朝上走。你一扭,我一扭,一下扭了六点六。左一长,右一长,中间夹了个马大王。心字底,月字旁,拴钩搭挂麻糖,推着车车走咸阳。"

其中,"一点戳上天"指的是卖面人的草帽,"你一扭,我一扭"是指车夫推车走路时左右扭动以保持独轮车平衡的样子,"左一长,右一长"是指车帮上顺搭的长面袋子。"拴钩搭挂麻糖"指的是车旁挂的麻花。当然,从歌谣中我们也可以看出古道车夫的形态与艰辛。

延伸思考

你还知道哪些新造字?

谐音造字，「枇杷」与「琵琶」

京城里面的沈家是出了名的大户人家，沈老爷一共有五个儿子，最小的一个沈翰排行第八，也是让他最不省心的一个。或许是因为他年龄最小，所以祖母甚是宠爱。当年读私塾的时候，沈翰也是最让老师头疼的学生，经常逃课，上课就是玩蚂蚱，杀蜈蚣，捣乱课堂，功课更是从来不做。以至于学了一年书，大字不识一个，气得沈老爷关起房门拿着戒尺狠狠地教训了他一顿。后来，他又继续读了两年书，但仍然常常念白字，写错字。

转眼，沈翰已到了弱冠之年，功课一无长进。沈夫人和沈老爷商量着给他谈一门亲事，找一个门当户对性格泼辣的女子管管他。不久，沈老爷就与京城的王家定下了婚约。王家大小姐叫王梓凤，京城的人都知道，当年王家大小姐在街上教训过一个小流氓，搞得整条街人仰马翻。沈翰听说自己娶的是一只"母老虎"，立即反对。可是反对无效，正所谓"父母之命，媒妁之言"，不久，沈家就风风光光地迎娶了王家大小姐。

第四章 | 汉字的影响

沈翰将梓凤迎过门的第一天，沈翰想给梓凤摆明"男主人"的身份，就送了一个女仆焕儿给梓凤，并告诉她说："娘子以后有什么事，找焕儿就是了。"说完就出去喝酒了。焕儿不会说话，王梓凤一看马上就明白了沈翰的心思。

第二天，梓凤对沈翰说："相公，我想吃枇杷。"沈翰说："你叫焕儿出去给你买吧。"梓凤扶了扶自己的额头，假装虚弱地走到榻旁说："我有点不舒服，你去给那丫头说一声吧。"沈翰喊来焕儿，写了一张纸条，比画着让她去水果摊买枇杷。焕儿拿着纸条来到水果摊，将纸条一递，卖水果的人笑着说："姑娘，你走错地儿了，你应该去那儿买。"说着，手指向了对面的乐器店。焕儿走进乐器店，将纸条给了掌柜的，掌柜看了后大笑说："姑娘，这东西没有整三斤，我们不卖。"说着，摆摆手。焕儿给掌柜比画着，掌柜知道她不会说话，于是在纸条的背面写上："这东西没有整三斤，所以没法卖。"焕儿拿着纸条回到了府里。

沈翰见焕儿空着手回来，知道事情没办成，火冒三丈。人是自己送给娘子的，为的是给她一个下马威，没想到娘子叫自己做的第一件事就没办好。沈翰破口大骂，焕儿委屈地流着泪，将手中的纸条递上去。沈翰看了纸条，暴跳如雷，骂道："怎么没法卖？简直是胡说！这老板存心和我过不去，我要掀了他的摊位！"梓凤拿过纸条一看，哈哈大笑，原来，沈翰把"枇杷"写成"琵琶"！她随即提笔赋诗一首：

枇杷并非此琵琶，
只怪当年识字差。
倘若琵琶能结果，
满城箫鼓尽飞花。

延伸思考

指出下列谐音对联中包含的人物。

两舟竞渡，橹速不如帆快。

百管争鸣，笛清难比箫和。

汉字"变形"记

一株嫩芽在熟睡了一个冬天后,终于在地面上探出了小脑袋,它见到了太阳公公,见到了很多探出头的小脑袋,它高兴地跟大家打着招呼:"你们好,太阳公公好。"太阳公公笑眯眯地回答道:"大家好。"先民们把这个情景刻在了兽骨上:"〿"。随着时间的推移,出现了青铜器,人们便把这个符号刻在青铜器上。于是这个字渐渐变成了"〿",保留了两棵草,一个"日",中间夹个"屯"。秦统一天下后,实施"书同文",实现了文字统一,以小篆为主,"〿"演变为"〿"。后来,上面的笔画逐渐连在了一起,形成了现在的"春"字。

先民们在太阳下行走,顶着烈日农耕劳作,太阳很刺眼,于是有了"〿",时光流逝,祖先发明了工具,开始"手持镰刀,脚踩耒耜,仰观天象",迎来了中国第一个王朝"〿",头、发、眼、身躯、两臂、腿脚一应俱全,且双手摆开呈现出一种强而有力的架势,表示"雄武的中国人"。后来人们扔掉了农具,将其简化为"夏"。"夏"的创立,是中国农耕文明最真实、最生动的展现。

　　天气渐渐转凉,枯黄的叶子像一只只美丽的黄蝴蝶,纷纷离开了大树妈妈的怀抱,轻轻地从树上飘落下来,落在草地上,飞在金灿灿的麦田间。这个季节,人们在田间忙着收割。与此同时,秋虫也在田间忙碌着,与人们争夺粮食,于是,人们把这个季节表示为"▨",头上长着一对细长的触角,背上有翅,身下有爪。后来,也许是人们为了庆祝粮食的收获,又在秋虫的边上加上了"禾"。到了篆文书写时,这只小虫子彻底消失了,只剩下一个"火"加一个"禾"("▨"),表示秋季收割后要烧荒以备播种。后人又将"火"和"禾"换了位置,成为我们现在看到的"秋"。

　　北风呼啸,寒风刺骨。寒冷使爱跳爱叫的小河失去了潺潺的流水声,使往昔奔腾的江河恢复了平静。雪给万物裹上了一层银被,屋顶上白雪覆盖,屋檐上挂满了冰凌,在冬日暖阳的照耀下,屋檐上掉下了小水珠,人们把这个情景刻在龟壳上"▨"。后来,人们用动物的皮毛制衣保暖,穿上毛茸茸的高筒靴,就有了"▨"。渐渐地,人们冬天开始穿着暖和的衣服,戴着帽子,在冰上展开活动,就有了"▨"。为了书写方便,人们将"夂"简化为两个小点。纵横交错的几根枯树枝下,滴下了一颗颗小水珠,成了现在的"冬"。

美猴王之衣

　　"爷爷,爷爷,《西游记》开始了,快来呀。"小孙子搬来小板凳端端正正地坐在了电视机前。爷爷在厨房里擦拭着刚洗过碗的手,忙回应道:"来了来了,小不点儿,都看过一遍了,还这么有兴致。"说着,爷爷从厨房里走过来,坐在了小孙子的旁边。"第一集,《猴王初问世》!"小孙子大声念道。

　　当看到孙悟空学着人的样子,把衣服穿在自己身上,招招摇摇穿州过府时,小孙子晃着自己的小脑袋,抬起头看着爷爷说:"爷爷,孙悟空好聪明呀,他都知道上街要穿衣服。"爷爷笑着说:"是啊,猴子属于灵长类动物,当然很聪明啊。很久很久以前,我们人类就是从灵长类中的古猿进化而来的。"

小孙子一脸的欢喜,像是发现了秘密一样:"我觉得他是三个徒弟中长得最帅的。"

"所以,他被称为'美猴王'呀。"爷爷道。小孙子听了,先是一惊,然后恍然大悟道:"噢,原来是这样,因为他长得最像我们。"爷爷笑着摸着他的小脑袋。

"爷爷,你看,他穿的衣服怎么和我们不一样啊?"小孙子看着孙悟空披着松松垮垮的长衫走街串巷,引得街上的人哈哈大笑。爷爷眯缝着眼睛,笑着点点头说道:"那叫'长衫'。可以遮体御寒。在很久以前,没有麻,没有布,人们穿的都是树叶或兽皮连在一起的衣服。"

"我知道,就像后来唐僧用虎皮给孙悟空缝制的衣服一样。"小孙子抢答道。

衣裳,指的是上衣下裳。最初的'衣'字是这样写的……"说着,爷爷拿过茶几上的纸和笔给小孙子写出了"仌"。爷爷解释道:"上部的'人'字形部分就是衣领;两侧的开口处就是衣袖;下端就是前襟交叠的线条和皱褶。《诗经》中有一首诗,'东方未明,颠倒衣裳',写主人公的丈夫因为忙于公事,东方未明就起床,结果把衣和裳穿颠倒了。"

小孙子听了咯咯地笑起来:"那他岂不是要被别人笑死,裤子穿在了头上。"

爷爷摇着头说:"以前的'裳',就是我们现在的裙子。"

小孙子张大了嘴巴,惊讶地望着爷爷说道:"以前的男孩也穿裙子吗?"爷爷说:"是的。不过古人的'裙子'和我们现在的可不一样。比如说古人的'朱子深衣',它的'裳'是由十二块布组成的,象征着一年的十二个月。"

"噢,原来'衣裳'有这么丰富的历史啊。"小孙子感叹道。

"是的,'衣裳'在古代不仅仅指服装,还是一种礼仪的象征。《周易》里说黄帝和尧舜'垂衣裳而天下治',用上衣象征天,下裳象征地,衣裳的形制与天地乾坤相合,也就是定衣服之制,示天下以礼。"爷爷讲道。

"哦,那后来呢?'衣'字又发生了什么变化?"小孙子问道。

"后来,秦始皇统一天下后,实行了'书同文'政策,规定全国使用统一的文字,小篆。所以'衣'字写成"㐭"。"说着,爷爷在纸上写出了第二个"衣"字。

小孙子看着两个"衣"字,说道:"爷爷,两个'衣'字不一样了,这个小尾巴向右倾斜了。"小孙子指着小篆体"㐭"字说道。

"观察得很仔细。"爷爷用手轻轻地刮了一下小孙子的鼻子,小孙子高兴地抱着手依在爷爷身旁,兴致勃勃地听爷爷讲故事。

"后来,有些笔画开始连接在一起,并且拉直,'衣'字就写成这样'衣'。"爷爷在纸上写下第三个"衣"字。

"这个字,下半部分两边弯弯的钩变成直直的了,"小孙子兴奋地说道,"我觉得以前的字像画一样,和实物很像。"

"说得很对,汉字最初就是象形文字。祖先最先创造文字就是依据事物的形状开始的。比如'日'字,就是圆圆的圈中一个点。'月',就是弯弯的月牙中一只眼。"

"哇,原来汉字以前是这样的。那为什么现在的字和以前发生了这么大的变化呢?"小孙子眨着水灵灵的大眼睛问道。

"那是由于汉代字形发生了隶变,改曲为直,结构简化,将圆转不断的线条变为方折的断笔,摒弃了原有的象形特征,取而代之的是点面组合的便于书写的笔势。所以,隶书'衣'写作'衣'。"爷爷在纸上写下第四个"衣"。

小孙子指着隶书"衣"字说道:"这个字形和现在很接近了。"

"没错,现在的汉字大多是从隶书演变而来的,汉字在隶变过程中,有时候也把字单独作为偏旁。"爷爷讲道。

小孙子眼珠子一转,马上说道:"我知道,'袖''袍''衫'这些偏旁是'衤'的字,全和衣服有关。"

爷爷乐呵呵地竖起了大拇指。

月色如水,欢乐的笑声回荡在静谧的夜空。

延伸思考

观察下列字形的演变过程,写出对应的汉字。

汉字的时光穿越

"欢迎各位小朋友来到汉字博物馆！我是解说员琪琪姐姐。刚刚大家了解了古文字的发展情况,现在我带领大家去看看近代汉字的变化与更替。"说着,琪琪姐姐就带领小朋友们走进了分馆——汉字的时光穿越。

"首先,大家来看一下'義'字,有没有小朋友认识?"

"是'义'字的繁体字!"雨嘉举手答道,"我爷爷写过这个字。"

"哇,小朋友真棒!'義'上面的'羊'表示祭牲。在古代,'羊'是和善的代表,下面的'我'表示兵器,后来作为第一人称,指自己。'羊'和'我'放在一起表示要像羊一样和善,一切好事从自己做起。有没有小朋友用'义'组个词?"

"忠义!"紫涵脱口而出。

"反应真快!"琪琪姐姐夸奖道,"所以,把一个人做好事、肯牺牲的精神称为'義'。后来,简化字体,就把'義'写作'义'。我们现在往这边走,大家来看看,这里有没有你们认识的字。"

瑾萱指着"鱼"字,兴奋地说道:"这是'鱼'字。《小石潭记》中写道:潭中鱼可百许头,皆若空游无所依。"瑾萱一字一句地背诵着。

"这位小朋友背得真好,溪水清澈见底,日光照耀在水里,鱼儿在水中自由自在地穿梭着,人与自然和谐相处。现在'鱼'字下面的'灬'变成了一横,大家看看这一横像什么?"

"像我们的盘子,成了红烧鱼。"小胖墩吴欢说道。

"吴欢,你怎么看到任何东西都能想到吃的呀?"栋鑫打趣着小胖墩。小朋友们听了哈哈大笑起来。

"这是'国'字,"明哲指着"國"说道,"国家的国。"

"國,也是一个会意字,就是说用两个及两个以上的独体汉字,根据各自的含义组合成的一个新汉字。从口从或,疆域之内要有象征国防力量的'戈',代表人口的'口',表示土地的'一',才能代表'國'。现在,'國'的中间部分变成了'玉'。象征着一个国家的发展实力不再是人口和土地,而是经济的发展。"

"这是'学'字,"萧然指着"學"说道,"学而时习之,不亦说乎。"

"这位小朋友真棒,不仅能准确地认出繁体字,还能背诵相关诗句。"琪琪姐姐称赞道。

"这是'儿'字,"雅楠站到萧然旁边,指着"兒"诵读道,"儿童散学归来早,忙趁东风放纸鸢。"琪琪姐姐为他鼓起了掌。

"这是'东'字,东风不与周郎便,铜雀春深锁二乔。"栋鑫指着"東"也加入其中。

"这是'云'字,云中谁寄锦书来,雁字回时,月满西楼。"梦婷也不甘示弱,指着"雲"说。

"这是'兴'字。兴,百姓苦;亡,百姓苦。"雨嘉指着"興"说。

……

小朋友们开始你一句我一句地背诵着古诗,引得旁边游人驻足观看。

带队的张老师告诉解说员琪琪,小朋友们可能只认识简单的繁体字,这次参观,可以教他们一些笔画多的字。琪琪听了,指着柱子上的"灩"字,呼唤着大家:"大家来看看这个字,有没有小朋友认识的?"

大家你看看我,我看看你,没有一个人认识。

琪琪姐姐解释道:"这是'法'字,刑法的法,这是一个会意字,我们先来看一下,这个字由哪些部分组成。"

"由'氵''廌''去'三部分组成。"小朋友们齐声回答道。

琪琪姐姐讲道:"从水,廌,所以触不直者,去之,从去。从水,指的是法律、法度要公平如水。廌,即獬豸,是神话传说中的一种神兽,据说,它能辨别曲直,在审理案件时,它能用角去撞理亏的人。现在,不再需要神兽去审理案件,仍然能公平如水。"

"姐姐,那是'兽'的繁体字。"栋鑫指着墙上一幅画的题字。

"是的,獸,守备者,从嘼从犬。指的是带着猎犬,以石弹干器为武器,埋伏狩猎。现在,简化为'兽'。"

接着,琪琪带着小朋友们来到了一幅麦田画的旁边:"在古代,农人一辈子在地里,都是为了一家人的口粮。锄禾日当午,汗滴禾下土。粮食,注重的是产量。粮食的'粮'由'米'和'量'组成'糧'。现在,粮食的'粮',由'米'和'良'组成,良心的'良'。"

"那是提醒我们注重食品安全,讲良心。"吴欢郑重其事地说。同学们齐刷刷地看着琪琪姐姐,又看着吴欢,然后不约而同地鼓起掌来。

快乐的时光总是短暂的,当夜幕降临时,参观活动接近了尾声,小朋友们依依不舍地与琪琪姐姐道别,并告诉琪琪姐姐以后还要来博物馆参观,这些汉字太有意思了。汉字的隽永墨香,是世代传承的希望的表达。汉字就如这片灿烂的星空,壮丽并让人迷醉,永远被世人珍惜与喜爱。

延伸思考

请把繁体字与对应的简体字连在一起。

龜　鶯　臘　盧　葉

鸢　腊　叶　龟　卢

汉字"西游"记

暮色下,风沙漫天,长长的驼队,在空旷的沙漠中排成一线,伴着叮当的驼铃声,商队一步一步艰难跋涉着。这一次,驼队运送的是中国的丝绸,还有些茶叶、瓷器。十二只骆驼,二十人的商队风餐露宿,长途跋涉在荒凉的丝绸古道上。

一路向西,雷默一行人来到西疆。这里的地形如棋盘,一道山脉横贯其间,将棋盘分为两半。雷默一行人向北走过一片广袤的草原,来到了一个集市上。一路辛劳,雷默带着商队找到了住宿的地方,然后换了一身衣服,准备去集市上找点东西吃。

走出客栈,雷默竟然成了众人关注的焦点。他的衣服是冰蓝色的,材质是上好的丝绸,绣着雅致的竹叶花纹,头发用羊脂玉发簪束起,身上有一股淡淡的木香,手持折扇,风度翩翩,引得周围人驻足观看。这里的人们从未见过这样华美的衣服,从未闻过这样好闻的香味,大家惊讶地看着雷默从街道的这头走到了那头。

"这位公子,请问你这身衣服是什么材料做的?"

雷默转身一看,是一位有着圈脸胡的中年男子。只见他卷卷的头发,深邃的眼睛,弯弯的眉毛,穿着麻布长袍。

"这是丝绸。"雷默回答道。

"丝绸?没听说过。"圈脸胡一脸疑惑。

"就是用丝做成的,这种丝柔柔的,很顺滑。丝绸衣服穿起来贴身,舒服。"

圈脸胡若有所思地点点头:"那你有这种丝绸吗?"

"有啊,在神龙客栈,"雷默喜出望外,"你如果要买,可以和我一起去拿。"

圈脸胡跟着雷默来到了客栈,雷默拿出了从中原地区带来的特产,看得圈脸胡眼花缭乱。

"这是什么?"圈脸胡拿起一缕像线一样的东西问道。

"这就是丝,是蚕吐出的线,就是用这个做成的丝绸。"

雷默一本正经地说道:"兄台,你看,把这些蚕丝扭在一起,头尾打上扭结,就是这个字最初的形状了'𢇁'。"圈脸胡惊讶地望着雷默。

雷默笑着说:"当然,这个字后来演变为尾部打结'𢇁',后来秦始皇统一天下,这个字就写成'絲'。"

"还有这么多学问!"圈脸胡饶有兴致地听着雷默讲。

"那当然,这可是一门大学问,我们的丝织品很多,有彩色花纹的丝织品叫锦。还有一种很薄的丝织品,一面光,像缎子,叫绫。轻软有稀孔的丝织品叫罗绮。"雷默自豪地介绍着。

圈脸胡听了点点头:"你这里面装的是什么啊?"

"兄台,你闻闻香不香?"雷默神秘地打开盖子。

圈脸胡吸了吸鼻子:"有一种淡淡的花香,沁人心脾。"

"这是茶叶,"说着用手蘸了水,在桌子上写出"茶"字,"你看,这个字上部为草,像芽叶;中部是'人',像树冠;下部为木,代表树干,是木本植物。茶是采集后经多道工序加工而成的冲饮提神的树叶。"说完,雷默哈哈大笑。

"这么神奇吗?"圈脸胡一脸不相信的样子。

"你可以试试。兄台,我泡一壶给你尝尝。"说着,雷默拿出茶壶,用热水将茶具冲淋了一遍,取出茶叶,倒入热水。水流像瀑布一样流入壶中,茶叶上蹿下跳,不一会儿,从水底浮了起来,一会儿又沉了下去。慢慢地,水的颜色越来越浓,淡绿色变为淡黄色,雷默又将茶水倒入杯中,用手示意:"请喝茶。"

圈脸胡饶有兴致地望着雷默做的这一切,看着冒着热气的茶水,端起茶杯闻了闻,送入口中,清香中带有微甜,放下茶杯,茶香仍在嘴里回荡。

"兄台,怎么样?"雷默抱着手靠在桌子上。

"香如兰桂,味如甘霖。"圈脸胡用手指着杯子,"虽清淡,却别有一番滋味。"

雷默说:"一壶清茶,就如人的一生。"

"怎么说?"圈脸胡一脸疑惑。

"你看,那淡绿色的茶叶或曲或卷,宛如芸芸众生沉浮于凡世间,喜怒哀乐呈现其中。刚冲泡时的翻滚沸腾到叶沉杯静,不正如我们在尘世中漂浮挣扎到年事渐长,阅历渐丰吗?静卧杯底的茶叶,沉稳中报以微笑,宠辱不惊,淡泊飘逸。"雷默解释道。

圈脸胡听后,陷入沉思。

太阳慢慢落下去,整个大漠都染上一层褐红,那片红色与沙子融为一体,远处的残阳与驼队融为一体。漫长的丝绸古道与悠悠驼铃,伴随着恣意的西北风吹得大漠如此苍凉寂寥,但灿烂的文化底蕴与不朽的灵魂,足以让人心醉与向往。

延伸思考

你知道有哪些词汇是从西域传到中原的?

汉字"东游"记

何谓"光明"

鉴真经历千难万险漂洋过海终于抵达日本,日本重臣藤原仲麻吕亲自在河内府迎接,只见法师将袈裟抖开,披在身上,手持锡杖,站在阶前。可谓:凛凛威颜多雅秀,佛衣可体如裁就。辉光艳艳满乾坤,结彩纷纷凝宇宙。朗朗明珠上下排,层层金线穿前后。兜罗四面锦沿边,万样稀奇铺绮绣。

传播佛法是鉴真毕生的心愿,鉴真提倡僧侣必须"具足戒",但当时受到了日本本国"自誓受戒"派的极大反对,尤其是兴化寺的僧侣们。

有一天晚上,兴化寺的僧侣来到鉴真的房间,指着鉴真的眼睛问道:"法师,您眼睛怎么了?"

"失明了"。鉴真回答道。

僧侣故意拖长语调说道:"怎么会失明？见不到光明了？"

鉴真听后,笑了笑说:"什么是明？明,照也。月光透过窗户,光线照进屋里。人在黑夜中更能体会到明月的皎洁。而我在黑夜中更能体会到光明。"

僧侣嘴角一歪,心想:一个失明的人,还说自己能体会光明,当我们都是傻子吗?继续问道:"敢问法师,您是如何体会到光明的?"

"满船空载月明归,师父觉得有还是没有?"鉴真问道。

僧侣一愣,随即哈哈大笑,心想:这个傻和尚,还跟我打哑谜,那就陪他玩玩。便道:"当然没有,只是一条空船。"

鉴真微微一笑:"给自己留出空间,难道不叫拥有吗?"僧侣一惊,若有所思地点点头。

鉴真继续说道:"光是什么?火在人上为光。《周易》曾说,与日月合其明,这种光,即使外界不给你,内心也必须拥有。"

僧侣更不解了,问道:"法师,你开玩笑吧,内心怎么可能装有光?"鉴真郑重其事地说道:"心,人心也,在身之中。心之官则思。我已下定决心东渡弘扬佛法,这是无法改变的。"

僧侣立刻折服。

月圆之思

一天夜晚,藤原仲麻吕和鉴真在寺院乘凉。

藤原仲麻吕说:"法师,今晚的月亮真圆啊。"

鉴真沉吟了一下,说道:"今天是中国农历十五。"

"这和月亮有什么关系呢?"藤原仲麻吕很不解。

"在中国,有朔望之称。朔,月一日始苏也,每月的第一天,人们看不到月亮任何明亮的部分。望,月满也。每月十五,十五月正圆。"鉴真解释道。

藤原仲麻吕沉思了一会儿,问道:"'朔、望'二字,是你们专门记录月亮阴晴圆缺的符号?"

鉴真点点头:"朔望不仅体现了月亮的盈亏之变,还揭示了人生道理。"

藤原仲麻吕一听,哈哈大笑,疑惑地问道:"法师,这月亮和人生怎么还有相通之处?"

鉴真转着手中的佛珠,平静地讲述道:"人生就像月亮的阴晴圆缺,有悲欢离合,有胜败得失。朔,虽说是亏,但要明白否极泰来;望,虽说是盈,但要学会居安思危。这就是亏极转盈,盈极转亏,物极必反的道理。老子说大道——大曰远,远曰逝,逝曰反。正是一个意思。"藤原仲麻吕若有所思,点头道:"有道理。"

鉴真继续说道:"月,阙也,大阴之精。月是极盛阴气的代表。而对立面是日,实也。太阳之精不亏,代表阳气。《周易》中有'一阴一阳之谓道'之说。太阳和太阴,构成了世界的平衡。"

藤原仲麻吕恍然大悟,两手合十,向鉴真说道:"大师的修为实在是高啊,让藤原醍醐灌顶。"

传播"春天"

鉴真到达日本后,受到天皇的隆重礼遇,被尊为"传灯大法师",并下诏:"自今以后,授戒传律,一任和上(注:和上,即和尚,特指修道高深的师僧)。"这引起日本"自誓受戒"派的强烈反对。于是,以贤璟、志忠等为首的日本僧人,与鉴真、普照等在兴福寺的维摩堂举行了一场辩证会。最终,以鉴真、普照一派获得大胜,灵福、贤璟、志忠等八十余名高僧,放弃旧戒,由鉴真在戒坛院重新为他们授戒。贤璟拜鉴真为师。

日本天平胜宝九年(757年),日本天皇将新田部亲王的旧宅赠与鉴真,鉴真亲自指导并着手将其改建。第二年春,鉴真决定在旧宅旁开辟一点儿荒地,种植一些谷物、蔬菜供给寺庙,于是让寺里的僧侣着手松土,让土晒一晒太阳。

一天早上,一位僧侣来到鉴真的方丈室,说道:"法师,各僧侣都已经在地里干活,可是贤璟还在床上贪睡。派人去叫了,可是……"僧侣无可奈何地叹了叹气。

鉴真说道:"我知道了,你去吧。"僧侣退下。

鉴真来到僧舍,听到鼾声如雷,于是推开门,叫道:"贤璟。"贤璟一动不动,鉴真又连续叫了几声。贤璟揉了揉眼睛,看到鉴真坐在身旁,打着哈欠起身道:"师父。"

鉴真说道:"你为何还不起?已经辰时了。"

贤璟皱了皱眉头,说道:"为何不可多休息一会儿?"

鉴真听了,敛容道:"辰,振也。三月阳气动,雷电振,民农时也,物皆生。这正是万物复苏生长之际，日出而作，人们也皆在这时出去干活，一日之计在于晨，你这是要错过最好的时候啊。"

贤璟噘了噘嘴，说道："师父这几天让我们不停歇地翻地，弟子不明白，这件事情为何要这么着急？"

鉴真听了，语重心长地说道："农耕讲究'不误农时'。贤璟，你可明白？"

贤璟答道："弟子愚笨，请师父指点。"

"农，耕也。辟土植谷曰农，开辟土地，种植谷物，这个过程就是农耕。而农耕是要讲究时令的。春天是万物复苏的季节，一年之计在于春，所以，我们要赶在春天把谷物种下。在中国，我们把一年分为二十四节气，农人根据时令播种，耕作，除草，收割。"鉴真解释道。

贤璟问道："二十四节气？师父，有哪些呢？"

"春雨惊春清谷天，夏满芒夏暑相连，秋处露秋寒霜降，冬雪雪冬小大寒。一年分为四季，春夏秋冬。而每一季有六个节气。立春是春季的第一个节气点，春，推也。春天是大地阳气升腾，推动万物生长的开始。我们需要在立春之前做好播种的准备。如果错过了这段时间，那庄稼的收成就会减产。夫稼，为之者人也，生之者地也，养之者天也。是故得时之稼兴，失时之稼约，讲的就是这个道理。"

贤璟打了一个哈欠，道："师父，弟子明白了。"

鉴真沉吟了一下，说道："不悲不喜不怒不争，要做到这几点全由自己的内心。心，人心也，在身之中，如果心生怨气，那就是一颗死去的心。怨，恚也。带着怨恨，怎么传扬戒律呢？如果自己都不能以身作则，如何去授戒别人呢？"

贤璟顿时哑口无言，羞愧难当，说道："弟子知错了。"

鉴真在日本的十年，传播了中国的佛教、医学、书法、建筑、雕塑，为中日文化交流做出了重要贡献。随着中日之间的文化交流更加频繁，日本在唐朝曾派出遣唐使十二次，其中包括留学生。在这些留学者中，有一个叫吉备真备的人。717年，吉备真备随遣唐使来华。在唐朝留学17年，深入学习五经三史、历算、刑律等诸艺。他根据汉字楷体偏旁造成"片假名"。随后，学问僧空海于804年随日本遣唐使团来唐学习，后

第四章 | 汉字的影响　193

根据汉字草书创造"平假名"。从此之后,日本慢慢有了自己的文字。尽管自10世纪起,假名文字已在日本盛行,但汉字的使用并未因此废止。

英国史学家阿诺德·约瑟夫·汤因比说,日本文明是中国文明的"交流文明""卫星文明",日本史学家内藤湖南打比喻说:"日本文化是豆浆,中国文化就是使它凝成豆腐的盐卤。"由此可以看出中国文化对于日本的影响,其中,汉字的推动作用不可小觑。几千年来,汉字在日本文化中已经成为不可割舍的一部分。在历史上,除日本外,朝鲜、越南等国家,都曾使用汉字来记录他们的语言,或利用汉字来创造他们的文字。汉字记载了中华民族灿烂的文化和科技成果,并在国际范围内广泛传播,成为全人类共同的财富。

延伸思考

你还知道哪些有关汉字对其他国家产生影响的故事?

后记

　　带着对汉字文化的敬意,一群高中语文教师历经三年,用对语文、对文化的热爱完成了《汉字文化拾趣》一书的编著。

　　作为2018年重庆市普通高中精品选修课程的成果,本书力求从汉字文化的纵横发展、多向辐射展现汉字文化的博大精深。第一部分展现了汉字的起源、构成、发展演变;第二部分折射与汉字相关的艺术表达,如音乐、舞蹈、书法、雕刻、绘画、诗歌等;第三部分展现了汉字与岁时节日、地域文化、衣食住行、生产劳动、娱乐活动的关系。第四部分介绍了汉字对于其他民族、其他国家文化的深远影响。

　　编著过程虽然辛苦,但大家乐此不疲,常常为某一个字,反复揣摩《说文解字》《康熙字典》《汉语大字典》对这个字解释的区别;为了明晰字形的演变,反复比较"汉典""字源网"的图形。为了让读者更轻松地走进汉字文化,大家绞尽脑汁构思故事,设计细节,时时交流启发,不断碰撞灵感,力图用生动的故事,用优美的语言,将读者引入汉字文化殿堂,尽情采撷珠玉精华。然而,繁重的一线高中语文教学工作,常常让大家不得不牺牲休息时间,那些挑灯夜战的写作经历,那些每周未按时交稿则罚发红包的场景,那些食堂吃饭时也分享故事的画面……至今仍历历在目,未来也将成为一段永恒记忆。

  本书的出版,离不开重庆市教科院、北碚区教师进修学院、重庆市朝阳中学的大力支持,在此,我们深表感谢!特别要感谢的是,西南大学董小玉教授为此书作序,重庆名师朱福荣老师倾情指导,还要感谢西南大学出版社李晓瑞编辑全程跟进中的艰苦付出。

  本书的编著分工:第一章刘贞悠;第二章前九篇杨雄,后八篇张弘;第三章前七篇宋会鸽,后六篇周桂玲;第四章罗玲。校稿:张弘、罗玲。

  最后,我们希望,此书能成为一扇雕花的窗,吸引读者们去打开汉字文化乃至中国文化的广袤而深邃的世界。

张弘等
于中秋夜